Franz Thaler
Unvergessen

Option, KZ,
Kriegsgefangenschaft,
Heimkehr:
Ein Sarner erzählt

Mit Briefen
an den Autor

Edition Rætia

Bozen 1999
Die Erstausgabe erschien als Sondernummer
der Zeitschrift „Sturzflüge“ im November 1988

Umschlaggestaltung: Dall’O & Freunde unter Zuhilfenahme
eines Fotos der KZ-Gedenkstätte Dachau
Druckbild: Graphic Line, Bozen
Druck: Wico, Bozen

ISBN 88-7283-128-8

Vorwort zur Neuauflage

„Die Geschichte wird von einer Mindestzahl von Menschen gemacht“, schrieb Friedl Volgger im Vorwort zur Erstausgabe des Buches „Unvergessen“ im Jahr 1988, „aber von der überwiegenden Mehrzahl erlebt und erlitten.“ Die Historiker beschränkten sich notgedrungen vor allem auf die Macher der Geschichte. Aussagen darüber, wie der einzelne Mensch diese Geschichte erlebt, würden nur in Ausnahmefällen eingeflochten, schrieb Volgger weiter.
Unter diesen Vorzeichen wird verständlich, warum das Buch Franz Thalers, erstmals verlegt im November oben genannten Jahres als Sondernummer der Zeitschrift „Sturzflüge“, ein derart durchschlagender Erfolg wurde. Immer wieder wurde es nachgedruckt, später dann auch noch vom Münchner Verlagshaus Piper übernommen, seit zwei Jahren ist es endgültig aus den Regalen verschwunden.
Franz Thaler schreibt aus der Sicht des Betroffenen. Als eines der Opfer jener Mindestzahl von Menschen, die Geschichte machen. In einfachen Worten schildert er die ersten zwanzig Jahre seines Lebens: das Aufwachsen bei einem Nachbarbauern, die schreckliche Zeit der Option, seine Flucht in die Berge und schließlich KZ, Kriegsgefangenschaft und Heimkehr. Seine einfachen Worte, sein versöhnlicher Ton haben in und außerhalb von Südtirol einen großen Leserkreis gefunden. Ausschnitte aus Briefen, die in dieser Neuauflage abgedruckt werden, legen dafür Zeugnis ab.
Franz Thaler hat landauf, landab dutzende Male aus seinem Buch gelesen. Viele Schulen baten ihn, der

heranwachsenden Jugend von seinen Erlebnissen in Dachau zu erzählen, mehrmals ist er auch als Begleiter von Gruppen zum Ort des Grauens zurückgekehrt. Jetzt ist der Autor in die Jahre gekommen und des Wanderns müde geworden. Damit seine Botschaft nicht verstummt, haben wir sein Buch neu aufgelegt.

Edition Rætia, Oktober 1999

Im Mai 1985 besuchte ich das ehemalige Konzentrationslager Dachau, in dem sich genau vor vierzig Jahren, am 29. April, für mich und meine Freunde das Tor zur Freiheit geöffnet hatte. Im Lager ging ich gleich ins Museum, in dem verschiedene Dokumente und Fotos aus den Jahren 1933–45 zu sehen sind. Beim Anblick mancher Bilder stiegen mir noch einmal Tränen in die Augen. Mit mir waren noch viele Besucher aus den verschiedensten Ländern erschienen, darunter eine besonders große Zahl von Jugendlichen. Aus deren Gesichtern konnte man Entsetzen ablesen. In dem großen Raum war es beinahe ganz still. Man konnte nur ein leises Murmeln hören.
Am Nachmittag besichtigte ich die zwei noch erhaltenen Baracken und den Platz, auf dem so viele gehenkt worden waren, den sogenannten Blutgraben, wo so viele ihr Leben durch Genickschuß lassen mußten, und schließlich das Krematorium, in dem Tausende bis zum Skelett Abgemagerte, Erschlagene, Erschossene oder Verhungerte in den Verbrennungsöfen durch den „Kamin gingen“, wie man sich in Dachau ausdrückte. Die Gaskammern sind noch zu sehen, doch wurden sie nie in Betrieb genommen. Die Dachauer Todeskandidaten wurden in andere Lager überstellt. Schließlich besuchte ich noch die drei später erbauten Sühnekapellen: die evangelische, die jüdische und – in der Mitte – die katholische, die „Todesangst-Christi-Kapelle“. Hinter diesen liegt das Karmeliterkloster, in dessen Kirche ich für meine toten Kameraden betete.
Während des Besuches dachte ich viel an die vergangenen Tage und Jahre.

Mein Weg nach Dachau war schon 1939 vorgezeich-

net. Im Juni desselben Jahres hatten das nazistische Deutschland und das faschistische Italien die Umsiedlung der Südtiroler eingeleitet. Man bescherte uns die sogenannte Option. Die Leute wurden vor die Entscheidung gestellt, entweder für die deutsche Staatsbürgerschaft zu optieren, mit der ausdrücklichen Verpflichtung, in das Großdeutsche Reich abzuwandern oder die italienische Staatsbürgerschaft beizubehalten, mit der Drohung, daß man dann keinerlei Minderheitenrechte mehr beanspruchen dürfe. Wer überhaupt keine Erklärung abgab, blieb italienischer Staatsbürger. Mit der Durchführung des Abkommens wurde der berüchtigte SS-Gestapo-Chef Heinrich Himmler betraut. Doch von all dem wußte und verstand ich als fünfzehnjähriger Bauernbub noch überhaupt nichts. Ich erinnere mich nur, daß die Leute furchtbar erschraken, als sie von dieser Vereinbarung erfuhren. Die meisten wollten sie gar nicht glauben. Das könne doch nicht wahr sein!
Das war die Stimmung im Juli und auch noch Anfang August im Sarntal, und wohl auch in ganz Südtirol. Dann hörte man immer öfter von geheimen Zusammenkünften und Versammlungen. Bayrische Singgruppen kamen ins Tal. In der Fraktion Unterreinswald fanden sie gute Aufnahme. Die Sänger erschienen bald auch in Durnholz, wo ich wohnte. Sie sangen auf dem Kirchenchor deutsche Lieder. Da die Ankunft vorher angekündigt worden war, erschienen viele Leute. Der Pfarrer machte einmal eine spitze Bemerkung, weil die Kirchengänger oft zum Chor hinaufschauten. Er sagte: „Sind da oben etwa die größeren Heiligen als am Altar?“ Ich glaube, er ahnte bereits, was auf uns zukommen sollte. Im September und Oktober sprach man immer öfter von Wahl und

daß man natürlich „deutsch" wählen müsse. Eine wilde Propagandawelle brach los. Sie wurde vom „Völkischen Kampfring Südtirols", einem nationalsozialistisch ausgerichteten Bund, geführt, der überall im Lande seine Leute sitzen hatte. Aber was wußte ich damals von einem VKS. Auch er war ursprünglich fest für das Bleiben eingetreten. Nach mehreren Gesprächen mit Himmler änderte er seine Gesinnung um hundertachtzig Grad. Jetzt wollte er ein hundertprozentiges Ergebnis für die deutsche Staatsbürgerschaft und die Abwanderung erreichen, um damit in Berlin Staat machen zu können.
Eine gewisse Vorarbeit für dieses Resultat war allerdings schon in der Schule geleistet worden. Ich kann mich noch gut erinnern, daß wir Schulbuben oft sagten: „Vater unser, der Du bist, der Mussolini auf dem Mist, der Schuschnigg daneben und der Hitler soll hochleben."
Die Option, die „Wahl", riß eine tiefe Kluft im Volke auf. Der Riß ging auch im Sarntal durch viele Familien. Ein Teil entschied sich für das Dableiben, der andere begeisterte sich für das „Deutschwählen". Die Propaganda für das Dableiben äußerte sich nur schwach. Aber es gab noch genug Leute, die beim Vorsatz vom Juni blieben, sich lieber erschießen zu lassen, als für die Auswanderung zu optieren.
Ich wohnte damals nicht bei meiner Familie in Reinswald, sondern bei meinem Onkel in Durnholz. Dort wurde ich wie ein Familienmitglied behandelt.

Im späteren Oktober erfuhr ich, daß ein Kanonikus Gamper beim Hofmann in Reinswald eine Versammlung abgehalten habe, bei welcher er sich gegen die Option und fest für das Dableiben ausgesprochen hätte. Der junge Bauer, bei dem ich wohnte, sowie zwei Töchter und der Knecht vom Nachbarn waren auch zu dieser Versammlung gegangen. Sie kamen am frühen Morgen ganz aufgeregt nach Hause und erzählten beim Frühstück, was sie alles gehört hätten. Gamper, sagten sie, habe die Leute über das wahre Wesen des Nationalsozialismus aufgeklärt, über die Verfolgung von Kirche und Religion. Hitler habe das deutsche Volk bereits in den Krieg getrieben, und man wisse nicht, wie das ende. Die Leute sollten doch unbedingt an ihrer Heimat festhalten. Sie würden eine solche nie mehr erhalten. Die Versprechungen der Nazipropagandisten, daß in Deutschland ein ganz gleiches Durnholz und Reinswald wie im Sarntal errichtet würde, sei doch ein glatter Blödsinn. Die Lügen, daß jeder Abwanderer dasselbe Haus und den gleichen Hof bekäme, könne man doch mit den Händen greifen.

Damals hatte ich natürlich keine Ahnung, wer dieser Kanonikus Gamper war. Erst nach meiner Heimkehr erfuhr ich, daß er das geistige Haupt des Widerstandes gegen Faschismus und Nazismus gewesen ist. Gamper konnte nach dem deutschen Einmarsch in Italien im September 1943 nur mit knapper Not den Gestapo-Häschern entkommen und sich nach Florenz absetzen.

Der junge Bauer erzählte auch, daß während der Versammlung ein Nazi-Propagandist in die Stube hereingerannt sei und gerufen habe: „Was der da sagt, ist alles erlogen, glaubt ihm nicht!“ Der Mann wollte sogar auf Gamper losgehen, aber ein paar Männer packten ihn und zerrten ihn zur Tür hinaus.

Ein paar Tage später gingen wir abends zum Nachbarn, um Karten zu spielen. Dort trafen wir einen

Hausierer, der dort übernachtete und der bei der Versammlung am Hofmanhof alles miterlebt hatte. Unter anderem erzählte er auch, was nach der Rede Gampers passiert war. Dieser hatte gesagt, daß die Zuhörer, die dableiben wollten, die Möglichkeit hätten, sich jetzt schon zu erklären, weil er die erforderlichen Formulare bei sich habe. Da habe sich der alte Uhrmacher gemeldet und unterschrieben. Dieser habe sich an seinen Bruder gewandt und gesagt: „Stanis, du wirst wohl auch unterschreiben?" Und der Stanis ging auch hin und unterschrieb für sich, seine Frau und für seine sechs minderjährigen Kinder.
Als der Hausierer das erzählte, lief es mir ganz kalt über den Rücken. Alle Anwesenden starrten mich an, ich schaute nur auf die Tischplatte. Der Stanis war nämlich mein Vater und der Uhrmacher mein Onkel. Irgend jemand sagte zu mir: „Dein Vater hat ‚walsch' gewählt, Du bist jetzt ein ‚Walscher'." Ich wußte nicht, was ich sagen sollte und fühlte mich schon jetzt fast wie ein Ausgestoßener. Da sagte die Bäuerin, um mich zu trösten: „Den Franz packen wir einfach in eine Kiste und schmuggeln ihn nach Deutschland." Alle lachten, nur mir war nicht zum Lachen zumute. Wir gingen heim.
Für mich war das der erste Schlag, den mir der Nazismus versetzt hatte.
Auf dem Hof wurde über die Sache nicht viel geredet. Der Bauer war eher für das Dableiben, seine Geschwister aber fürs Auswandern.
Am nächsten Sonntag ging ich zu meinen Eltern nach Reinswald. Ich wollte hören, was sie mir zu sagen hatten. Sie erklärten mir, warum sie „walsch" gewählt hätten. Warum sie den Ratschlägen Michael Gampers gefolgt wären und nicht freiwillig auf die Heimat

verzichten wollten. Sie hätten, erinnerten sie mich, schon einmal ihr eigenes Heim der schlechten Zeiten wegen verloren. Jetzt hätten sie sich mit Mühe und Not ein dürftiges Häuschen erbaut.
Mein Vater hatte sieben Jahre Militärdienst geleistet. Davon drei Jahre aktiv und vier im Krieg. Er war genug in der Welt draußen gewesen und wollte nicht ein zweites Mal von zu Hause fort. Die Eltern sagten: „Mach dir nichts draus, wenn sie dich den ‚Walschen' nennen. Das Gerede, daß wir nach Sizilien geschafft würden, haben nur die Deutschen erfunden, weil sie uns das Dableiben nicht vergönnen." Die Eltern überzeugten mich, und ich fand ihre Entscheidung richtig. Natürlich durfte ich das meinen Optantenkollegen in Durnholz nicht erzählen.
So vergingen die ersten Dezemberwochen 1939. Die Propaganda und die Begeisterung für das „Deutschwählen" schwollen immer mehr an.
Der „Wahltag" sollte zu einem Fest werden. Die Durnholzer sollten alle geschlossen, von der Musikkapelle begleitet, in das Gemeindeamt nach Sarnthein wählen gehen. So planten und wollten es die Großen in Durnholz. Sie erreichten auch zum Großteil ihr Ziel. In Durnholz gab es nur drei Familien, von denen man wußte, daß sie sich fürs Dableiben entschieden hatten. Manche verheimlichten es, weil sie sich nicht den Spötteleien und der Verachtung aussetzen wollten. Die „Walschen" verspottete man überall, sogar in der Kirche wurde hinter ihrem Rücken gelacht und getuschelt. Auf dem Kirchplatz und auf dem Kirchweg wurden sie mit einem lautstarken „Buon giorno" begrüßt. In manchen Gasthäusern durften sie sich nicht mehr blicken lassen. In anderen wurde der Stuhl abgewischt, auf dem ein „Walscher" gesessen hatte.

Nach der Option 1939 kam ein deutscher Lehrer nach Durnholz. Früher hatte es nur italienische Lehrer gegeben, die ausschließlich italienisch unterrichteten. Der neue Lehrer sollte die Jugendlichen jetzt in deutscher Sprache unterrichten.
An einem Sonntagnachmittag versammelten sich die Kinder und Jugendlichen in der Schule. Ich ging auch hin, ohne etwas zu ahnen. Der neue Lehrer schrieb jeden Namen auf. Als die Reihe an mir war, wollte ich natürlich meinen Namen sagen. Andere kamen mir aber zuvor und schrien: „Das ist ja ein Walscher." Alle lachten. Der Lehrer schaute mich eine Weile an und sagte, ich solle heimgehen, er wolle nur Deutsche unterrichten. Ich saß verdattert da, stand dann auf und ging ganz schwindlig zur Tür hinaus. Ich war sehr, sehr traurig.
So ging es ein paar Jahre weiter.
In den Jahren 1942–43 wurden ziemlich viele zum Militärdienst in der deutschen Wehrmacht einberufen. Es dauerte auch nicht lange, bis die ersten Meldungen von Gefallenen kamen. Jetzt wurde öfter auch von denen, die vorher „Heil Hitler" geschrien hatten, über den gleichen Hitler geschimpft. Die große Begeisterung für Hitler ging ziemlich rasch vorbei. Man redete auch schon davon, daß dieser Hitler den Krieg verlieren könnte.

Flucht in die Berge

So ging es weiter bis zum September 1943. Nach der italienischen Kapitulation besetzten die deutschen Truppen den Großteil Italiens und natürlich auch Südtirol. Die Provinzen Bozen, Trient und Belluno wurden zur „Operationszone Alpenvorland" zusammengelegt. Zum Obersten Kommissar für dieses Gebiet wurde der nazistische Gauleiter von Innsbruck, Franz Hofer, ernannt. Jetzt erhielten die Nazibonzen wieder Oberwasser. Die Dableiber waren allen nur möglichen Schikanen ausgesetzt. Ihre Führer wurden wie die Verbrecher gejagt. Allen Dableibern wurden die Radioapparate und die Jagdgewehre weggenommen. (Mein Freund Friedl Volgger hat nach Kriegsende im „Volksboten" die Liste der Naziopfer veröffentlicht. In der Zeit vom September 1943 bis Kriegsende im Mai 1945 wurden einundzwanzig Südtiroler hingerichtet, hundertvierzig machten mit dem Gefängnis Bekanntschaft, und hundertsechsundsechzig wurden in Konzentrationslager eingeliefert.) Der Oberste Kommissar stellte Polizeiregimenter auf, zu denen auch Dableiber einberufen wurden, obwohl sie italienische Staatsbürger waren. Heute weiß ich, daß die Einberufung der Dableiber zu deutschen Militäreinheiten eine grobe Verletzung des Völkerrechts darstellte.

Im März 1944 wurde ich mit anderen Dableibern im Alter zwischen sechzehn und fünfzig Jahren zur Musterung geladen. Ich wurde für tauglich befunden und wußte, daß ich bald einrücken müßte. Ende Mai kam auch der Stellungsbefehl, laut dem ich mich am 1. Juni in Schlanders beim Polizeiregiment zu melden hatte. Ich suchte verzweifelt nach einem Ausweg, denn ich hatte schon zu viel von den Greueltaten gehört, die das Hitler-Regime vollbrachte. So entschloß ich mich, dem Rat einiger Freunde zu folgen und in die Berge zu flüchten. Sie versprachen mir, mich mit Lebensmitteln zu versorgen. Bei einem von ihnen durfte ich mir in der Nacht Milch holen.

Der Tag, an dem ich einrücken mußte, kam. Ich packte den Koffer. Dabei durfte mir aber niemand zusehen, weil ich nur den Rucksack und eine Kleinigkeit zum Essen darin verstaute. Am Morgen ging ich nach Sarnthein. Dort wartete schon ein Nazispitzel, der mir behilflich sein wollte, um richtig nach Bozen zu kommen. Er begleitete mich und erklärte mir in Bozen noch genau, wo und wann der Zug nach Schlanders abfahre. Endlich wurde ich ihn los. Ich versteckte den Koffer beim Rößlwirt in der Bindergasse und ging mit dem Rucksack zum Bahnhof. Ich hatte mich schon vorher erkundigt, wann ein Zug in Richtung Brenner abfahre. Ich fuhr bis Freienfeld vor Sterzing und ging von dort nach Maria Trens, wo ich um eine glücklichere Zukunft betete. Später fuhr ich mit dem Zug zurück bis Vahrn bei Brixen und ging auf dem Schalderer Weg Richtung Heimat zu.

Da passierte mir das erste Malheur.

Ich begegnete im Wald, in einer engen Kurve ohne Ausweichmöglichkeiten, einem bekannten Nazi aus meiner Ortschaft. Wir grüßten einander und gingen weiter, er abwärts und ich aufwärts. Da war nun guter Rat wirklich teuer. Ich wußte, daß er mich verraten würde, wenn vom Militär die Meldung käme, daß ich in Schlanders nicht eingetroffen wäre. Ich mußte mir irgend etwas einfallen lassen. Mir kam der Gedanke, daß ich noch auf eine unbestimmte Zeit heimgehen sollte. Also kehrte ich wieder zum Hof zurück, wo ich

früher gewesen war und erzählte dort, was mir passiert war. Eine Woche arbeitete ich noch auf dem Hof. An einem Samstag sagte ich zu den Leuten, ich hätte Post bekommen und müßte am Montag wieder gehen. Denn für die Bauersleute wäre es zu gefährlich gewesen, mich noch länger zu behalten.
Am Montag um drei Uhr früh stieg ich mit den nötigen Lebensmitteln, einer Pfanne, einer Schüssel und einem Löffel im Rucksack auf den Berg. Dort wollte ich das Kriegsende abwarten. Der erste Tag erschien mir unendlich lang. Ich dachte noch einmal richtig nach, auf was ich alles verzichten müsse und welchen Gefahren ich mich aussetzte. Ich durfte mich von niemandem sehen lassen. Niemand durfte wissen, daß ich nicht eingerückt war, mit Ausnahme der wenigen Freunde, denen ich es vorher gesagt hatte. Ich konnte nur nachts zu bestimmten Leuten gehen, um mir Lebensmittel zu holen. Die Mahlzeiten fielen sehr bescheiden aus. Warmes Essen gab es höchst selten, denn ich mußte mit dem Feuer sehr vorsichtig sein. Der Rauch durfte nicht mein Versteck verraten. Meistens kochte ich Knödel, die wohl etwas hart gerieten, da mir viele Zutaten fehlten. Wenn etwas übrigblieb, aß ich es am nächsten Tag. Später im Sommer, als die Waldfrüchte reiften, kochte ich Mus oder Polenta mit Heidel- oder Himbeeren. Mit Butter und Käse versorgte mich meistens mein Bruder Flor, der auf der anderen Seite des Berges als Senner arbeitete. Ein anderer „Versorger" war mein Vater Luis (Alois Brugger vom Bachmannhof) und viele andere. Nicht vergessen darf ich einen Freund aus dem Eisacktal, Felix Oberrauch (Latzfons), der damals auf der Alm, auf der ich mich aufhielt, als Hirte angestellt war. Er stand mir mit Rat und Tat zur Seite.

Meinen Aufenthaltsort mußte ich oft wechseln. Es wäre zu gefährlich gewesen, immer am gleichen Ort zu schlafen. Ich benützte deshalb abwechselnd Heuschuppen und die leerstehende Latschenbrennerei. So verging Monat um Monat. Ich gewöhnte mich an vieles.

Als ich einmal so durch den Wald schlenderte, sah ich zu meinem Schrecken zwei Männer hinter einem Baum stehen. Ich versuchte, mich sofort aus dem Staub zu machen. Doch da rief mir einer schon nach: „Halt, Franz, vor uns brauchst du keine Angst zu haben." Ich erkannte die Stimme. Es handelte sich um den „Krotzer"-Luis aus Villanders, den ich schon etliche Jahre vorher kennengelernt hatte, als er in der Latschenbrennerei arbeitete, wo ich mich jetzt schon seit einigen Wochen öfter aufhielt. Ein wenig zögernd ging ich auf die beiden zu. Luis versicherte mir, daß ich auch vor seinem Begleiter keine Angst zu haben brauchte, da er ein Freund sei. Ich traute den beiden lieber vorsichtshalber nicht ganz und blieb zwei, drei Meter von ihnen entfernt. Ich fragte sie, was sie hier machten. Sie antworteten, daß sie auf der Villanderer Alm Streifendienst machen müßten. Weil dort oben überhaupt nichts los wäre, seien sie halt einmal übers Joch, über die Durnholzer Berge, herübergegangen.

Gegen die Langeweile hatte ich mir eine passende Arbeit ausgedacht, bei der es wenig Werkzeug und Platz brauchte. Ich gravierte Feuerzeuge und Tabakdosen, Zündholzschachteln und verschiedene andere Dinge. Oft arbeitete ich auf einer großen Fichte. Ich setzte mich ziemlich weit oben auf einen großen Ast, wo mich niemand sehen konnte; auf den nächsten Ast schraubte ich den mit der Hand zu treibenden Schleifstein. So hatte ich einen schönen Ausblick, und durch

die Arbeit konnte ich mir Geld für Lebensmittel verdienen.
Einmal half ich einem Bauern bei Heuarbeiten, und zwar an einem Ort, wo kein Weg vorbeiführte. Ich befand mich auf dem Heuwagen und spähte immer umher, ob jemand zu sehen wäre. Schon bald nach Arbeitsbeginn sah ich auch einen Mann aus etwa hundertfünfzig Meter Entfernung auf uns zukommen. Ich sagte dies meinen Mitarbeitern und ging eiligen Schrittes in Richtung Wald davon. Zu dieser Zeit war es schon vielen bekannt, daß ich mich auf dem Berg droben versteckt hielt. Bei dem Mann, der gekommen war, handelte es sich auch um einen Nazispitzel. Ich hatte ihn gleich erkannt. Er fragte meine Mitarbeiter, wer denn da bei ihnen gewesen sei. Als diese nicht gleich antworten wollten, bemerkte er, er habe mich schon erkannt. Er ermahnte die Leute auch, vorsichtiger zu sein. Mit solchen Leuten wie mir sei das Arbeiten streng verboten.
Für die Bauersleute konnte dies schwerwiegende Folgen haben. Ich ließ mich in Zukunft auch bei dieser Familie nicht mehr blicken. Nur der Bäuerin habe ich noch Holzknospen* gemacht; sie gab mir dafür Lebensmittel.
(Nach meiner Heimkehr traf ich den genannten Mann wieder. Wir grüßten einander. Er tat sehr scheinheilig und versicherte, ich hätte damals bei der Heuarbeit nicht zu gehen brauchen. Er sei keiner von denen gewesen, er hätte mich sicher nicht verraten. Aber so ähnlich gaben sich nach dem Krieg alle. Keiner wollte irgend etwas mit dem Hitler-Regime zu tun gehabt haben. Ich sagte nichts und ging meines Weges.)

* Holzknospen sind starke Holzschuhe.

Eine Sorge wurde ich nie los: Ernstlich krank werden durfte ich nicht. Zum Arzt konnte ich ja nicht gehen, zumal die Ärzte, die ich kannte, ziemlich nazistisch eingestellt waren. Und doch kam es einmal soweit, daß ich mich an einen Arzt heranwagen mußte.
An einem Samstag brach ein starkes Gewitter los und zerriß das Dach des Heuschuppens, in dem ich mich einquartiert hatte. Ich mußte noch in der Nacht, bei Regen und Hagel, das Dach wenigstens provisorisch wieder instand setzen. Am nächsten Tag, am Schutzengelsonntag, mußte ich das Dach völlig in Ordnung bringen, damit nicht ein anderer käme, es zu reparieren. Weil ich so arg duchnäßt war, erkältete ich mich und bekam fürchterliche Zahnschmerzen, die nicht mehr aufhören wollten. Ich ging zu meinem Freund Lex, um Rat einzuholen.
Er war immer ein schlauer Fuchs gewesen und wußte für mich auch gleich einen Ausweg. Er sagte: „Ich gehe morgen mit dir nach Brixen zu einem Zahnarzt namens Müller, den ich gut kenne. Dort bist du unbekannt, und bald wird alles wieder in Ordnung sein."
Und so geschah es auch. Als wir in Brixen durch die Stadt gingen, war mir nicht recht wohl zumute. Wir begegneten ziemlich vielen Polizisten und Militärs. Zu meinem Schrecken hielt uns auch noch ein Wachposten an. Aber zu meinem Glück war es nur ein Freund meines Begleiters. Er wollte mit ihm nur ein wenig „ratschen". Der Arzt zog mir einen Zahn und flickte mir einen weiteren. Ohne Zwischenfälle kehrte ich wieder in die Berge zurück.
Anfang August war das Heu auf den Bergwiesen eingebracht. Ich lag in einem Schuppen und blickte durch einen Spalt ins Freie hinaus. Da sah ich ziemlich nahe einen alten Mann, den „Seeber-Luisl", auf

den Schuppen zukommen. Es wäre gefährlich gewesen, mich von ihm sehen zu lassen. Er würde es sicher den Leuten im Dorf gesagt haben. Ich rückte nahe an die Wand, die sich im Schuppen zwischen Heu und Küche befand. Sie war zwar hoch, reichte aber nicht bis zum Dach. Es war Brauch, daß man in die Schuppen hineinschaute, wenn man vorbeikam, um zu sehen, wieviel Heu drinnen sei. Der Luisl trat in die Küche, murmelte eine Weile. Da er klein war und nicht über die Wand sehen konnte, nahm er einen Stock und wollte damit die Höhe des gelagerten Heues messen. Dabei stocherte er eine Weile auf mir herum. Die Situation war so komisch, daß ich beinahe laut lachen mußte.

Ein anderes Mal, als ich wieder auf dem Heu lag, sah ich den „Eben-Sepp" (Josef Hochkofler, Bachmannebner, Jahrgang 1891) daherkommen. Vor dem hatte ich nicht im mindesten Angst. Der hatte den Ersten Weltkrieg und dazu noch einige Jahre russische Kriegsgefangenschaft hinter sich. Sein Sohn Sepp war mein bester Schulfreund. Der Mann kam in die Küche und war sehr erstaunt, als er über die Wand nach dem Heu schaute und mich dort liegen sah. „Ach, du bist das. Das muß wohl ein hartes Leben sein, hoffentlich dauert es nicht mehr lange, bis der Krieg zu Ende ist." Ich fragte nach seinem Sohn Sepp, der im Frühjahr als Siebzehnjähriger eingerückt war. Wir plauderten noch ein bißchen, dann ging er wieder.

Anfang September sollte noch ein Bruder von mir einrücken. Mein Bruder flüchtete mit seinem Freund. Die beiden waren aber etwas unvorsichtig gewesen. Als sie abends bei einem Verwandten einkehrten, wurden sie von einem Nazispitzel bemerkt, der seine Entdeckung sofort der Polizei mitteilte. Noch ehe die beiden Verdacht schöpfen konnten, war das Haus von Gendarmen und Nazileuten, einer Art Südtiroler Hilfspolizei, umzingelt. Die Flüchtlinge löschten das Licht und eilten durch die Haustür ins Freie, der eine nach links, der andere nach rechts. Der Freund meines Bruders wurde beim Überspringen eines Zaunes von einem Gendarmen noch am Rucksack erwischt, und der Wachtmeister überwältigte ihn. Doch der nun vermeintlich Gefangene war sehr gewandt und konnte schließlich doch noch entkommen.

Warum ich mich stellte

Für mich gestalteten sich die Dinge jetzt immer schwieriger. Die Polizei verstärkte die Suche nach Flüchtigen. Bald verlautete auch, daß die ganze Familie von Wehrdienstverweigerern verhaftet würde, bis sich diese stellten.
Tatsächlich hatten, wie ich nach der Heimkehr erfuhr, die Nazis die Sippenhaft eingeführt. Der Oberste Kommissar, der Gauleiter Franz Hofer, hatte bereits am 6. Jänner 1944 eine Verordnung erlassen, daß alle jene, welche dem Einberufungsbefehl nicht Folge leisteten, mit dem Tode und in geringeren Fällen mit zehn Jahren Kerker bestraft würden. Die Familienangehörigen des Flüchtigen, und zwar die Frau, die Eltern, die Kinder über achtzehn Jahren und die im gemeinsamen Haushalt lebenden Geschwister, wurden festgenommen. Die Angehörigen wurden in Gefängnisse und Arbeitsstraflager eingeliefert. Im Passeier- und Ahrntal traf dieses Schicksal Dutzende von Familien. Doch dies erfuhr ich, wie bereits gesagt, erst, als alles vorbei war.
So kam es, daß mein Vater mich suchte. Er fand mich auch mit Hilfe meines jüngeren Bruders. Er bat mich unter Tränen, mich zu melden. Wer sich melde, so wurde verlautbart, dem passiere nichts. Ich traute den Versprechungen der Nazis ganz und gar nicht. Aber ich konnte nicht mehr anders. Um den Eltern Kerkerhaft zu ersparen, versprach ich dem Vater, noch am gleichen Abend heimzukommen.
Damit war mein Flüchtlingsleben zu Ende. Es war kein schönes Leben gewesen. Oft war ich mir wie ein wildes Tier vorgekommen, das bei jedem Geräusch

erschrickt und flieht. Ich hätte aber nie daran gedacht, daß es soweit kommen würde, daß ich mich freiwillig den Nazis stellen würde. Es wäre auch nie der Fall gewesen, wenn nicht die Verhaftung der Eltern gedroht hätte.
So ging ich noch am gleichen Abend heim. Es kam auch gleich der Revierleiter. Er lobte mich sehr, weil ich mich gestellt hatte. Er versprach mir und meinen Eltern, dafür zu sorgen, daß mir wegen der Flucht nichts passieren würde.

POLIZIST IN SCHLANDERS

Am nächsten Tag, am 23. September 1944, fuhr ich nach Bozen und meldete mich dort, wie es mir der Revierleiter erklärt hatte. Ich glaube, dort war schon alles vorbereitet. Man stellte mir nur noch einige Fragen. Dann erhielt ich den Einberufungsbefehl zur Polizei nach Schlanders. Dort mußte ich mich beim Spieß der 10. Kompanie melden. Am nächsten Tag mußte ich mit der Kompanie ausrücken. Ich traf viele Bekannte von daheim. Diese wunderten sich, wieso ich erst jetzt gekommen wäre. Manche meinten, das ginge nicht gerecht zu. Doch ich wollte nicht viel erzählen von meiner Vergangenheit, ich wollte sie vor allem vor den Offizieren verheimlichen. Ich hatte Angst, es könnte alles auffliegen. Und dann würde es schiefgehen.

So verging eine Woche. Alles schien in bester Ordnung zu sein. Ich hatte gleich gute Freunde, die mir überall halfen. Ich mußte drei Wochen Ausbildung nachholen. Für mich bedeutete dies eine große Umstellung von meinem sehr einsamen Leben zum sehr bewegten Soldatenleben. Ich kam mir wieder normal vor, weil ich wieder unter Menschen war. In meinem Innern fühlte ich aber immer noch eine gewisse Angst, daß ich doch noch unter die Räder kommen könnte. Man erzählte in der Kaserne, daß es anderen Fahnenflüchtigen sehr schlecht ergangen sei.

Die Ausbildung war zu Ende. Es verlautete, alle könnten noch kurz auf Urlaub gehen, bevor sie irgendwo zum Einsatz kämen. Alle gingen der Reihe nach auf Urlaub. Ich hoffte auch darauf. Da hätte ich noch eine letzte Möglichkeit zum Fliehen gehabt. Mir wurde

nämlich immer klarer, daß ich irgendwann einmal in Haft kommen würde.
Meine inneren Ängste täuschten mich auch nicht.
Am Morgen des 22. November hieß es, die 10. Kompanie müsse in eine andere Kaserne zur Impfung. Wir marschierten geschlossen dorthin und wurden in den Impfraum geführt. Nach dem Alphabet wurden wir der Reihe nach aufgerufen. Plötzlich wurde mein Name von der Eingangstür her gerufen. Ich erschrak und wußte: Jetzt ist es soweit. Still sagte ich: „Gott sei mir gnädig!“ An der Tür schrie mich ein Wachtmeister mit ziemlich harter Miene und harten Worten an, ich solle mich beeilen und ihm folgen. Wir gingen zum Major. Wir traten ein, ich voran, der Wachtmeister gleich hinter mir. Ich war auf alles gefaßt.
Der Major hatte schon auf uns gewartet. Trotz der schlotternden Knie versuchte ich, stramm zu grüßen. Der Wachtmeister meldete mich. Der Major fragte mich, ob ich der Thaler Franz aus der Gemeinde Sarntal, geboren am 6. März 1925, sei. Ich antwortete: „Jawohl, Herr Major.“ Dann las er mir ein Schriftstück vor, auf dem folgendes stand: „Sie wurden am 6. Juni zur Polizei nach Schlanders einberufen und haben dieser Einberufung nicht Folge geleistet. Sie haben sich in den Bergen herumgetrieben“ usw., usw. Zum Schluß fragte er, ob das stimme. Ich antwortete: „Jawohl, Herr Major.“ Er ließ mich wissen, daß ich am nächsten Tag nach Bozen geführt und dort vor das Kriegsgericht gestellt würde. Damit war ich entlassen.
Der Wachtmeister brachte mich in die Kaserne zurück, wo ich meine Sachen packen mußte. Dann mußte ich auch die Schuhriemen ausziehen, die Hosenträger und die Koppelriemen ablegen. Da mußte ich

doch noch lachen. Die Hose war mir nämlich so sehr zu weit, daß ich immer eine Hand brauchte, um sie zu halten. Während ich da an meiner Hose herumarbeitete, kamen meine Stubenkameraden von der Impfung zurück. Sie machten natürlich große Augen, als sie mich so dastehen sahen und den Wachtmeister mit schußbereiter Pistole hinter mir. Sie schauten mich mitleidig an. Inzwischen waren auch die anderen Kompanien eingerückt und erfuhren gleich, was mir passiert war. Es kam mancher Kamerad zur Tür her, ich lächelte ihnen zu. Es war ein stummes Abschiednehmen von meinen Kameraden und von meinem freien Leben.

Vor dem Kriegsgericht

Nach und nach hatte ich mich vom ersten Schrecken erholt und mich dem Schicksal ergeben. Der Wachtmeister brachte mich zum Gefängnis, wo uns der Gefängnismeister empfing. Dieser ging uns voran durch einen langen, immer dunkler werdenden Gang, bis zur letzten Zellentür. Er rasselte mit den Schlüsseln und sperrte auf. In dem halbdunklen Raum sah ich ziemlich hoch oben ein kleines vergittertes Fenster. Da schaltete jemand das Licht an. Es wurde zwar nicht viel heller, aber doch so, daß ich sehen konnte, wer da drinnen war. Vier Männer standen in dem Raum in Habtachtstellung. Das war strengste Pflicht, wenn jemand die Tür aufmachte. Einer der Männer, Alois Darocca, Jahrgang 1904, ein älterer Mann, schaute so verwirrt und verzweifelt drein, daß auch ich geradezu Angst bekam. Ich betrat den Raum, und gleich hinter mir fiel die Eisentür ins Schloß. Ich sah eine breite Holzpritsche mit ein paar Decken darauf. Ein junger Bursch lud mich ein, neben ihm Platz zu nehmen. Es war Anton Königsrainer aus St. Leonhard in Passeier (Jahrgang 1921). Als die Wache verschwunden war, setzten wir uns auf die Pritschen. Jetzt begann das Fragen und Erzählen.

Der ältere Mann berichtete, daß er vom Militär geflohen und später von der Polizei erwischt worden sei. Er war zum Tode verurteilt worden. Jedes Mal, wenn die Tür sich auftat, meinte er, sie kämen ihn holen, um ihn zu erschießen. Ein anderer, Franz Hauser aus St. Leonhard in Passeier, sagte, er sei zwar eingerückt, aber nach einigen Tagen geflohen. Da man gedroht habe, seine Eltern einzusperren, habe er sich

gestellt und sei dann zu zwölf Jahren Konzentrationslager Dachau verurteilt worden.
Der dritte, Anton Königsrainer, hatte wegen des gleichen Vergehens fünfzehn Jahre Dachau abbekommen. Der vierte war erst seit einigen Tagen hier. Man kann sich denken, daß die Stimmung in der Zelle recht trübselig war.
Die schwarz-grauen meterdicken Mauern trugen dazu bei, daß kaum ein Lächeln aufkam. Ich dachte darüber nach, welches Urteil ich am nächsten Tag zu erwarten hätte. Es sah nicht gut für mich aus. Ich war fast vier Monate flüchtig gewesen, und einer meiner Brüder war noch flüchtig. Das bedeutete für mich bestimmt noch einen weiteren Nachteil. In dieser Nacht schlief ich wenig; der Tag war zu aufregend gewesen. Erst am frühen Morgen schlief ich ein.
Um sieben Uhr hörten wir schon den Gefängnismeister mit den Schlüsseln kommen. Er sperrte auf, und neben ihm stand ein Wachtmeister, der bei meiner Kompanie gewesen war. Ich mußte mich zum Gehen fertigmachen. Der Wachtmeister sagte mir, daß ich mich genauestens an seine Befehle halten solle. Wir gingen zum Bahnhof, ich voran, er gleich hinter mir her mit der Pistole in der Hand. Ich durfte weder nach links noch nach rechts schauen. Am Bahnhof stiegen wir gleich in den Zug ein, und ich durfte mich setzen. Die Fahrgäste blickten mich voll Mitleid an. Der Wachtmeister blieb ganz nahe neben mir stehen. Er hatte anscheinend größte Angst, daß ich ihm abhauen könnte. Nach einer Weile mußte ich austreten. Zuerst wollte er es mir gar nicht gestatten. Schließlich genehmigte er es doch. Er schritt aber dicht hinter mir her. Ich durfte nicht einmal die Klosettür schließen.
Für die Fahrt nach Bozen brauchten wir sehr lange.

Unterwegs gab es Fliegeralarm; der Zug mußte längere Zeit stehenbleiben. Erst ungefähr um elf Uhr langten wir in Bozen an. Dort gingen wir zu einem großen Gebäude. Wir traten ein und gingen einen langen Gang entlang zu einer Tür, an der ein Wachtmeister Posten stand. Es war ausgerechnet ein Bekannter von mir aus dem Eisacktal. Er fragte, was wir hier wollten. Der Wachtmeister antwortete, er müsse mich zur Gerichtsverhandlung bringen. Mein Bekannter zeigte auf die Tür, durch die wir eintreten sollten. Er lächelte mir zu und meinte, es würde schon nicht so schlimm werden.

In dem Raum stand ein langer Tisch, hinter dem acht oder zehn SS-Männer mit höhnischen Gesichtern saßen. Der Wachtmeister meldete mich. Nun wußte ich, daß ich einem schweren Schicksal entgegengehen würde. Mit neunzehn Jahren stand ich vor dem Kriegsgericht, nur weil ich mich als italienischer Staatsbürger nicht zum deutschen Kriegsdienst zwingen lassen wollte.

Einer der Herren begann zu fragen. Ich antwortete. Er las mir ein Protokoll vor. Nachdem ich die Richtigkeit der Aussage bestätigt hatte, befahl er einem anderen, den Artikel des Militärstrafgesetzes vorzulesen, der mich betraf. Ich betete im stillen, war aber auf alles gefaßt. Der Artikel für mich lautete: „Jeder, der den Kriegsdienst verweigert, wird mit dem Tode bestraft.“ Es folgte ein kurzes Schweigen. Die Männer grinsten mich höhnisch an. Mir kam vor, sie erwarteten, ich würde in Ohnmacht fallen. Ich lächelte sie aber nur an. Wie ich da noch die Kraft zum Lächeln aufgebracht habe, wundert mich heute noch. Wahrscheinlich stand die ganze Engelschar neben mir, die ich vorher angefleht hatte.

Einer der SS-Männer nahm einen Zettel vom Tisch und las vor: „Da der Angeklagte noch minderjährig ist und sich freiwillig gestellt hat, wird er nicht zum Tode verurteilt, sondern zu zehn Jahren Dachau mit Frontbewährung." Er schaute mich noch an und fragte, ob ich noch etwas zu sagen hätte. Ich verneinte. Ich war wegen des so plötzlich geänderten Urteils sehr überrascht. Mit zehn Jahren Konzentrationslager Dachau wußte ich nichts anzufangen. Zum Glück hatte ich keine Ahnung, was Dachau bedeutete.
Nach der Urteilsverkündung wurde ich entlassen und kehrte nach Schlanders zurück. Dort wartete schon das graue, kalte Gefängnis auf mich. Die Kollegen hatten mich mit Spannung erwartet. Als die schwere Gefängnistür hinter mir zugefallen war, erzählte ich ihnen, was sich zugetragen hatte. Ein Todesurteil wäre nicht nur für mich und meine Angehörigen schrecklich gewesen. Auch für die Nazis in meinem Dorf hätte es sicherlich Folgen gehabt. Sie wurden jetzt schon von den Partisanen mit Drohungen bedacht.
An diesem Abend war ich sehr müde, denn der Vortag mit der Verhaftung, dann eine fast schlaflose Nacht und ein mit Aufregungen erfüllter Tag hatten mich schlapp gemacht. Ich wollte nur mehr schlafen, nichts weiter als schlafen.
Am nächsten Tag begann das normale Gefängnisleben, das etwa so aussah: Um halb sieben Uhr krochen wir der Reihe nach aus den Decken. In einer Ecke stand ein Mülleimer, der als Klosett diente. Das war natürlich nicht sehr angenehm. Zudem entströmte dem Eimer jedesmal eine Gaswolke, wenn man den Deckel öffnete. Deshalb hatten wir ja auch ständig stinkende Lufte in der Zelle. In der anderen Ecke stand

ein Gestell mit einer Schüssel und einem Wasserkrug. Er war so klein, daß nicht für alle genug sauberes Wasser vorhanden war. Wir mußten uns alle mit demselben Wasser die Augen auswaschen. Zu mehr reichte es nicht. Dann erhielten wir Kaffee. Ein Soldat mußte uns immer das Essen aus der Soldatenküche bringen. Wir erhielten genausoviel wie die Soldaten. Meistens waren die Speisen aber kalt, bis sie zu uns kamen.

Nach dem Frühstück räumten wir die Zelle auf, so gut es eben ging. Wir schüttelten die Decken aus, die klebrig und voller Läuse und Flöhe waren. Das Stroh auf den Pritschen war zu Pulver aufgerieben. Wahrscheinlich hatte man es monatelang nicht mehr gewechselt. Dann setzten wir uns auf die Pritschen und begannen zu beten. Von zehn bis elf Uhr durften wir in den Gefängnishof hinaus, wo wir den Mülleimer leerten und Wasser für den nächsten Tag holen konnten. Der Hof war von einer hohen Mauer umgeben; auf einem Balkon stand immer ein Wachtposten. Im Hof trafen wir auch die vier Geistlichen, die in einer Zelle neben der unseren eingesperrt waren.

Um zwölf Uhr mittags brachte man uns das Essen, und nachher krochen wir wieder eine Zeitlang unter die Decken. Später diskutierten wir eine Weile. Dann ging wieder das Beten los. Toni Königsrainer fing immer an und betete vor. Dreimal in der Woche durften wir in der Zelle der Geistlichen die Messe besuchen und auch die Kommunion empfangen. Die Geistlichen genossen etwas mehr Freiheit. Sie konnten im Gang herumgehen und kamen auch an unserer Zellentür vorbei. Oft steckten sie beim Guckloch Zigaretten herein. Manchmal schickten sie uns auch durch den Gefängnismeister Äpfel. Der Gefängniswärter war ein etwas älterer Italiener. Immer lustig und fidel tröstete er uns mit den Worten: „Zu Weihnachten seid ihr alle zu Hause."

Ein Freund aus der Kompanie, bei welcher ich vorher gedient hatte, mußte mir die Zivilkleider von daheim holen. Dann mußte ich die Uniform abgeben. Eine Woche später wurde der ältere Mann von der Polizei abgeholt. Wir wußten nicht, was mit ihm geschehen würde. Wir glaubten, sie würden ihn erschießen, weil er schon zum Tode verurteilt war.

Eines Tages besuchte mich mein jüngster Bruder Anton. Er brachte mir einige Lebensmittel und wärmere Kleider mit. Ich durfte aber nur unter Bewachung mit ihm sprechen.

Nach einer weiteren Woche holte man auch die beiden anderen Freunde. Ich blieb allein in der Zelle zurück. Jetzt durfte ich öfter hinausgehen und sah auch die Priester öfter. Bartholomäus Terzer, Pfarrer in Latzfons, und Pater Polykarp, Pfarrer von Wangen am Ritten, der seinerzeit auch den Kanonikus Gamper beherbergt hatte, nahmen sich meiner besonders an. Pater Polykarp tröstete mich immer mit den Worten: „Wenn wir auf den Herrgott vertrauen und fleißig beten, wird er uns nicht verlassen." Der Pater wußte wahrscheinlich, was auf mich zukam, was ein Konzentrationslager bedeutete. Die Geistlichen waren eben besser unterrichtet.

Die Fahrt ins Konzentrationslager

Nach der dritten Woche im Gefängnis kam eines Abends ein Wachtmeister von meiner ehemaligen Kompanie. Er trat in die Zelle ein und setzte sich auf eine Pritsche. Er tat sehr freundlich und nett. Er fragte nach meinem Befinden und ob für mich ein Gnadengesuch eingereicht worden sei. Ich wußte von einem solchen jedoch nichts. Dann teilte er mir mit, daß er mich am nächsten Tag zu einer Gerichtsverhandlung nach München bringen müsse und daß ich dort wahrscheinlich freigesprochen würde. Er redete so salbungsvoll auf mich ein, daß ich mich fast auf den nächsten Tag freute. Am gleichen Abend traf ich noch Pater Polykarp und erzählte ihm die Neuigkeit. Er versprach mir, mich in sein Gebet einzuschließen, und gab mir den Segen. Nach dem Abendessen kroch ich gleich unter die Decke, denn am Morgen hieß es früh aufstehen. Ich konnte aber natürlich nicht gleich einschlafen, denn ich hatte doch vor dem nächsten Tag Angst. Ich mußte auch an die anderen drei Kameraden denken, die vor mir weggebracht worden waren.

Am Morgen, es war der 15. Dezember, wurde ich um sechs Uhr geweckt. Man gab mir meinen Koffer. Um halb sieben Uhr mußten wir auf dem Bahnhof sein. Der Wachtmeister führte ziemlich viel Gepäck mit sich, und so half ich ihm natürlich. Es war kalt, und der Weg zum Bahnhof weit. Kaum waren wir eingestiegen, fuhr der Zug auch schon ab. Im Abteil fühlte ich mich völlig frei, obwohl der Wachtmeister neben mir saß. Er hatte eine Zeitung in der Hand und las darin. Er rauchte eine Zigarette, und ich durfte auch eine rauchen. Es fiel niemandem auf, daß ich ein

Gefangener war. Weil er mir so viel Freiheit ließ, schenkte ich ihm mein volles Vertrauen. Ich glaubte wirklich, daß ich nach München zu einer Verhandlung käme, wie er mir versichert hatte. So dachte ich auch nicht daran zu fliehen. Ich sann nur nach, was wohl mit den anderen drei passiert sei, ob ich sie noch einmal sehen könnte oder ob man sie bereits aus der Welt geschafft habe. Ich hoffte, mir würde es besser gehen.

In Meran hielt der Zug. Der Wachtmeister stieg mit einigen Fahrgästen aus und bat mich, auf das Gepäck aufzupassen. Er wollte in der Bar einen Kaffee trinken. Ich blieb also allein auf meinem Platz sitzen. Die zwei älteren Frauen, die mir gegenübersaßen, haben sicher nicht einmal bemerkt, daß ich ein Gefangener des Offiziers war. Mir kamen viele Fragen und Gedanken: Was soll das alles bedeuten? Vielleicht erwartet mich draußen der Begleiter mit der Pistole in der Hand? Wo soll ich hingehen? Es liegt viel Schnee, man würde mich bald aufspüren und festnehmen. Dies wäre dann das endgültige Aus.

Ich erinnerte mich wieder an das, was mir mein Begleiter am Vorabend versichert hatte. Während ich grübelte, setzte sich der Zug in Bewegung. Mein Begleiter war noch nicht zurückgekehrt. Ich war fest entschlossen zu fliehen, sollte ich in Bozen noch ohne Bewachung sein. Aber da sah ich auch schon den Wachtmeister kommen. Sein erster Blick fiel auf mich. Er sagte, er hätte bei einem Haar den Zug versäumt und sei noch auf den letzten Waggon aufgesprungen. Er habe sich eine Zeitung gekauft.

Der Zug fuhr weiter.

Bald hielt er wieder. Was war los? Natürlich Fliegeralarm. Es dauerte nicht lange, und man hörte die feindlichen Flieger und die Schüsse der Flak. Gleich darauf regnete es schon Bomben auf Bozen. Wir kamen sehr langsam weiter. Von Schlanders bis zum Brenner brauchten wir zwölf Stunden. Um sieben Uhr abends kamen wir an der Grenze an. Bis dahin war alles gut gegangen. Am Brenner fing für mich der eigentliche Leidensweg an. Der Zug wurde schon vor der Station angehalten. Es hieß, er könne nicht mehr weiterfahren, weil der Bahnhof zerbombt sei. Der Strom war ausgefallen, nur einige Laternen- und Taschenlampen leuchteten. Mein Begleiter mußte sehen, wie wir weiterkamen. Es war sehr kalt, und ich war für den Winter nicht ausgerüstet. Aber schließlich erreichten wir doch Innsbruck. Dort sah man viele zerstörte Häuser. Vor uns auf der Straße lag ein Blindgänger. Wir mußten wieder warten, bis die Straße notdürftig geräumt war. Die Stadt war an diesem Tag schwer bombardiert worden. Viele Häuser waren eingestürzt, darunter auch ein Teil der Kaserne, in die ich eingeliefert wurde. Als wir ans Kasernentor kamen, meldete sich mein Begleiter bei der Wache und sagte, daß er mich am nächsten Tag in der Früh wieder holen werde.

Jetzt übernahm mich ein SS-Offizier. Er schrie mich gleich an und fragte mich, ob ich ein Schuster sei. Ich solle sofort den Fetzen – er meinte meinen blauen Schurz, den ich als Sarner trug – verschwinden lassen. Natürlich zog ich ihn aus und steckte ihn in die Jackentasche. Ich mußte ihm voran weit über Stiegen hinaufgehen, bis wir zu einem langen Gang kamen, wo rechts und links viele Türen zu sehen waren. An jeder Tür befand sich ein kleines Guckloch. Das war mir schon von Schlanders her bekannt. Im Gang war alles blitzsauber und hell beleuchtet. Vor der dritten oder vierten Tür rechts mußte ich halten. Der SS-Mann sperrte auf und schubste mich in die Zelle. Er rief mir noch nach: „Unterhalte dich mit dem Schwein da drinnen!“ Hinter mir fiel die Tür ins Schloß.

Was ich sah, war schrecklich. Ein Mann von ungefähr fünfunddreißig Jahren saß in der Zelle und war am Boden angekettet, mit zerrissenen Kleidern, zerzausten Haaren und von Schmerz und Angst verzerrtem Gesicht. Er zitterte am ganzen Körper. Er blickte mich so traurig und hilflos an, daß mir die Tränen kamen. In der Zelle war es halbdunkel. Es standen weder eine Pritsche noch ein Stuhl im Raum. Auf dem Boden lag ein wenig Stroh. Ich setzte mich neben den Mann und sah, daß er an den Handgelenken blutete. Er bat mich, die Handschellen ein wenig zu lockern. Ich tat es so, daß es nicht auffiel. Dann erzählte er mir, wie es ihm ergangen sei. Er war vom Militär geflohen und hatte sich in der Nähe von Innsbruck im Wald aufgehalten. Dort war er von der Polizei aufgespürt und ins Gefängnis gebracht worden. Jetzt saß er an einem im Boden befestigten Ring ganz eng angekettet. Um elf Uhr war die Sirene gegangen. Er hatte gehört, wie die Zellentüren aufgemacht wurden und auf dem Gang ein Laufen und Schreien begonnen hatte. Nur seine Tür blieb geschlossen. Es hatte nicht lange gedauert, bis er die ersten Flieger hörte. Dann waren auch schon die Bomben gefallen. Plötzlich habe es einen fürchterlichen Krach getan, der Luftdruck habe das Fenster eingeschlagen, die Glasscherben seien herumgeflogen. Ihm habe es einen heftigen Stoß versetzt. Alles habe zu wackeln begonnen, und er habe gedacht, das ganze Gebäude würde bald einstürzen. Endlich habe es Entwarnung gegeben.

Ich richtete mir in einer Ecke ein wenig Stroh zusammen, legte mich hin, konnte aber nicht schlafen. In der Zelle war es kalt, und wir hatten keine Decken. Nun reute es mich erstmals, daß ich in Meran nicht zu fliehen versucht hatte. Wenn ich an meinen Zellenkollegen dachte, war ich aber mit meinem Schicksal noch zufrieden. Der Mann konnte seine Stellung überhaupt nicht ändern und sich auch nicht hinlegen. Auf dem Gang draußen hörte man die Wache auf und ab gehen. Ich schlief erst spät in der Nacht ein, wachte aber immer wieder auf und hörte meinen Kollegen laut stöhnen. Ich glaube, er weinte. Er hatte wohl allen Grund dazu.

Um sechs Uhr früh wurde es vor der Zelle lebendig. Man hörte Türen auf- und zusperren. Wahrscheinlich wurden die Zellen gereinigt, die Betten gemacht und der Kaffee ausgeteilt. Vor unserer Zelle rührte sich aber gar nichts. Ich hoffte nur, von meinem Begleiter baldigst wieder abgeholt zu werden. Aber mein Hoffen zog sich sehr in die Länge. Mein Zellenkollege wurde immer unruhiger. Er fürchtete, es würde bald wieder Bombenalarm geben. Nun bekam ich auch Angst, im Gefängnis von Bomben erschlagen zu werden. Ich betete immer wieder, der Herrgott möchte mich verschonen. Um ungefähr zehn Uhr heulten wirklich die Sirenen. Im Gang draußen wieder Schreien und Laufen. Zellentüren wurden aufgemacht und zugeschlagen, ein Laufen durch den Gang und die Stiegen hinunter. Ich hörte eine Stimme rufen: „Sind alle herunten?" Ich klopfte einige Male an die Tür, aber es war ganz umsonst.

Es wurde unheimlich still. Dann hörte man von weitem die Flugzeuge brummen und immer näher kommen. Ein Donnern und Krachen setzte ein, der Boden

wackelte, immer wieder kam ein Windstoß. Ich fürchtete, es müsse gleich das ganze Gebäude zusammenfallen. Ich stellte mir schon vor, wie ich mit Balken und Mauerblöcken in die Tiefe stürzen und dort irgendwo zerschmettert meine letzten Schnaufer machen würde. Noch schlimmer stellte ich mir aber vor, wenn man zwischen den Mauern eingeklemmt würde und ohne Rettung langsam dem Tod entgegenginge.
Ich weiß heute nicht mehr, wie lange der Alarm gedauert hat. Mir kam es unendlich vor. Endlich wurde wieder Entwarnung gegeben. Nach einiger Zeit hörte man auf dem Gang wieder Schritte. Wir beide waren froh, so gut davongekommen zu sein. Wenn man sich dem Tod so nahe glaubt, schätzt man das Leben erst richtig.
Im Gang wurde das Essen ausgeteilt, aber an unserer Tür gingen sie vorüber. Unsere Reiseverpflegung hatte mein Begleiter, und dieser wollte einfach nicht kommen. Ich vermutete, er würde mit mir nicht weiterfahren können, weil vielleicht alle Straßen und die Bahnlinien bei Fliegerangriffen zerstört worden seien. Stunde um Stunde verrann. Am Nachmittag hörte ich endlich die Stimme des Wachtmeisters. Ich freute mich auf das Fortgehen. Mit einem freundlichen Blick verabschiedete ich mich von meinem Zellenkollegen. Ich hatte sehr viel Mitleid mit ihm, denn für ihn gab es wohl keine Hoffnung mehr. Ich glaube, ich habe ihn nach dem Krieg auf einem Bild wiedererkannt, und zwar, wie er gerade erhängt wurde.
Mein Begleiter und ich fuhren mit der Bahn nach Hall. Da es schon wieder Abend war, brachte er mich ins Gefängnis zum Übernachten. Die Zelle war sehr sauber. Es befanden sich ein Tisch, zwei Stühle und eine Pritsche mit Strohsack und mit zwei Decken darin.

Mein Begleiter versorgte mich reichlich mit Essen. Der Gefängniswärter erschien mit einer Schale voll Erbsensuppe und genügend Brot. Natürlich aß ich alles auf. Der Wachtmeister hatte seine Familie in Hall und wollte sie besuchen.
Bevor ich mich am Abend hinlegte, kam er noch einmal und fragte mich, ob ich mir etwas wünsche. Er erzählte mir lange von seiner Familie. Ich bemerkte auch, daß er mir etwas sagen wollte, aber es einfach nicht herausbrachte.
Zögernd fragte er mich schließlich, ob ich Geld oder sonstige Wertsachen bei mir hätte. Er riet mir, sie ihm abzugeben. Auf meine erstaunte Frage hin brachte er mir sehr schonend bei, daß er mich nach Dachau bringen müsse, dort würden sie mir sowieso alles abnehmen. Er fragte, ob ich noch heimschreiben wolle. Ich bejahte, und er brachte mir Briefpapier und Schreibzeug. Ich übergab ihm eine Brieftasche mit achthundert Lire, ein paar Fotos, einen Brief, den mir meine Mutter geschrieben hatte, Feuerzeug, Tabakdose und Uhr. Er nahm die Sachen und versprach mir, alles nach Hause zu schicken. Die Zigaretten und ein paar Zündhölzer und den Rosenkranz versteckte ich in meinem Jackenärmel.
Jetzt ging mir endlich das Licht auf.
Der Wachtmeister hatte mir das Ziel der Reise wohl verheimlicht, weil er einen Fluchtversuch gefürchtet hatte, wenn er es mir schon in Schlanders genannt hätte. Aber er war doch ein guter Mensch. Der Brief, den ich schrieb, lautete so:

„Hall, am 16. 12. 44
Liebe Eltern!
Ich möchte Euch noch ein paar Zeilen schreiben. Ich

befinde mich auf dem Weg nach Dachau, und bin seit 2 Tagen von Schlanders weg. Gestern habe ich in Innsbruck übernachtet und dort habe ich Schreckliches gesehen und erlebt. Den heutigen Tag habe ich im Gefängnis in Innsbruck mit Angst und Verzweiflung unter Bombenhagel erlebt, und jetzt befinde ich mich in Hall im Gefängnis zum Übernachten. Inzwischen hab' ich mir ausdenken können, was 10 Jahre KZ Dachau für mich bedeuten, da mir mein Begleiter vorher ungefähr zu verstehen gab, was ich zu erwarten hätte. Er gab mir noch die Gelegenheit, Euch zu schreiben. Ich möchte Euch Eltern und allen Wohltätern recht herzlich für alles danken, lebt wohl, auf ein Wiedersehen daheim oder in ... Bitte, betet für mich, und grüßt mir alle, die um mich fragen.
Euer Sohn Franz“

In der Nacht dachte ich viel an daheim, an meine Eltern und Geschwister, an alle guten Freunde. Ich hegte keine Hoffnung mehr auf eine Heimkehr. Der Brief schien mir der Abschiedsgruß für immer. Ich begann zu beten, bis ich nach einer Weile am Tisch fast einschlief. Dann legte ich mich hin.
Als ich am nächsten Morgen erwachte, war es schon hell, wie ich durch das kleine, enge, vergitterte Fenster sehen konnte. Etwas später brachte der Wärter das Frühstück, Kaffee und Brot, und eine Schüssel voll Wasser zum Abwaschen. Er sprach kein Wort und riegelte die Tür wieder zu. Am späten Vormittag holte mich der Wachtmeister ab. Am Bahnhof stiegen wir in ein Abteil erster Klasse, in dem sich etliche SS-Offiziere ziemlich laut über die politische Lage unterhielten. Wir setzten uns in eine Ecke, mein Begleiter zündete sich eine Zigarette an. Als er sah, daß ich

ebenfalls rauchen wollte, gab er mir einen festen Stoß und sagte, ich dürfe in Gegenwart der Offiziere nicht rauchen. Für mich wäre es verboten. Ein SS-Offizier fragte meinen Begleiter, wohin er mich bringe. Dieser antwortete fast zögernd, nach Dachau. Jetzt blickten mich alle an, und einer fragte mich, was ich ausgefressen hätte. Ich antwortete: „Ich bin nicht zur rechten Zeit eingerückt.“ Er antwortete: „In Dachau werden Sie schon lernen, Befehle zu befolgen.“ Immer klarer wurde mir, daß ich in Dachau nichts Gutes zu erwarten hätte. Der Zug hielt bald an, es fielen wieder Bomben. Erst spät am Nachmittag näherten wir uns München. Man sah schon von weitem, daß die Stadt brannte. Sie war gerade an diesem Tag schwerstens bombardiert worden.

Am Bahnhof stiegen wir aus. Dort herrschte ein totales Durcheinander. Der Wachtmeister fragte einen Polizisten etwas, was ich nicht verstand. Dieser ging uns voran über Steine und Geröll von eingestürzten Häusern durch eine Straße bis zu einem großen Gebäude. Dort durfte ich aufs Klosett gehen und mußte dann in den Abstellraum hinein. Hinter mir wurde die Tür versperrt. Ich sah mich um. Es waren Putzgeräte da und ein Hocker zum Sitzen. Wie ich gleich vermutet hatte, war dies mein Nachtquartier. Ich setzte mich auf den Hocker und wollte mich an die Mauer lehnen. Sie war aber feucht und kalt. Auf den Boden legen konnte ich mich auch nicht, weil er aus Beton und noch dazu naß war. Ich nahm also meinen Kopf in die Hände und stützte diese auf die Knie. So saß ich da wie ein Häufchen Elend. Ich zitterte vor Kälte. Aber noch schlimmer war die Angst vor dem, was mir bevorstand. Dieses Angstgefühl wurde ich bis zu meiner Befreiung am 29. April 1945 nie los.

Ich wollte schlafen, um wenigstens für kurze Zeit zu vergessen, was ich in den letzten drei Tagen erlebt hatte. Aber wer kann in einer solchen Situation schlafen? Ich döste so dahin und fing an zu beten. Das war das einzige, was mir Trost und Hoffnung gab. Wie lange so eine Nacht dauert, kann sich nicht jeder vorstellen. Doch auch sie verging.

Ich schreckte auf, als ich Schritte hörte. Die Tür wurde aufgesperrt und der Wachtmeister brachte Tee und ein Stück Brot. Er ließ mich allein beim Essen. Dann holte ich meinen kleinen Koffer und folgte ihm. Wir kamen ins Freie, der Himmel war wolkenlos, aber es war sehr kalt. Wir gingen durch die zerstörten Straßen zum Bahnhof und suchten den Zug, mit dem wir weiterfahren sollten, weiterfahren ... nach Dachau. Wir stiegen ein, und nach längerem Warten fuhr der Zug ab. In meinem Abteil saßen einige ältere Frauen und Soldaten. Es wurde nicht gesprochen. Wir erreichten Allach, eine Ortschaft zwischen München und Dachau. Sie war am Vormittag schwer bombardiert worden. Der Zug hielt an, ein paar Menschen stiegen aus. Nun sah ich neben dem Bahnhofsgelände einige Arbeiter mit gestreiften Anzügen beim Aufräumen. Daneben standen SS-Posten. Das waren also die Häftlinge von Dachau.

Der Zug kam nur langsam vorwärts und hielt immer wieder an. Wir kamen zu einer Abzweigung, links ging's in die Stadt Dachau, rechts ins Konzentrationslager. Wir bogen rechts ab. Man sah von weitem schon Häuser und Baracken. Wir fuhren an einigen Baracken vorbei, dann hielt der Zug. Es gab keinen Bahnhof, das Zuggeleise hörte hier auf. Wir stiegen aus. Mein Wachtmeister fragte einen der SS-Männer, die aus einem anderen Abteil herauskamen, nach dem

Weg ins Lager. Dieser zeigte gerade auf das Lagertor. Als wir dort anlangten, marschierte gerade eine Häftlingsgruppe von acht bis zehn Mann im zackigen Gleichschritt zum Tor heraus. Sie waren alle sehr mager und blaß im Gesicht, ganz kurz geschoren, die gestreiften Anzüge hingen an ihnen herab, als ob sie leer wären. An den Füßen trugen sie alle Holzschuhe. Links und rechts marschierten SS-Männer. Ein trauriger Anblick, besonders für mich.
Ein SS-Mann am Lagertor fragte, was wir wollen. Mein Begleiter überreichte ihm einen Brief. Als er ihn gelesen hatte, schickte er uns zu einem anderen Tor. Wir gingen die Lagermauer entlang, die sehr hoch und mit einem elektrisch geladenen Stacheldrahtzaun versehen war. Wir kamen zum Tor, da es aber nicht aufgemacht wurde, mußten wir wieder den gleichen Weg zurückgehen. Der SS-Mann von vorhin sagte zu meinem Begleiter, er könne jetzt gehen, er werde sich schon um mich kümmern. Ich schaute den begleitenden Wachtmeister noch einmal fest an. Es war ein stummer, trauriger Abschied.

Das Lagerleben in Dachau

Der Eingang ins Lager führte unter einem Haus durch, dem sogenannten Jourhaus. Auf dem Haus war eine Uhr angebracht, es war gerade halb zwölf Uhr. Auf dem Tor stand groß geschrieben: „Arbeit macht frei." Wir traten durch das Tor, das gleich wieder geschlossen wurde. Wir bogen rechts ein, an einer Baracke vorbei kamen wir zu einem Raum, in den mich der SS-Mann hineinschob. Dort warteten schon zwei Häftlinge auf mich. Ich mußte gleich die Kleider ausziehen. Der eine brachte einen Papiersack, in den er die Kleider verpackte, der andere schrieb genau auf, was in den Sack gesteckt wurde. Sogar die Halskette mußte weg. Der Sack wurde zugeknüpft und dann mit Namen und genauer Adresse beschriftet. Die Socken sowie die Hosenträger durfte ich behalten. Dann wurde ich überall ganz kahl geschoren, wahrscheinlich wegen der Läusegefahr. Bei dieser Enthaarung durfte man nicht zimperlich sein. Nicht wenige Haare wurden einfach ausgerissen. In einem anderen Raum wurde ich dann von allen Seiten fotografiert. Es wurde alles genau aufgeschrieben: Name, Geburtsdatum, Staatsbürgerschaft und Glaubenszugehörigkeit. Als ich „katholisch" sagte, machte der SS-Mann gleich eine spitze Bemerkung: „Jetzt werden wir dich einmal anders beten lehren."

Man gab mir ein ganz abgenutztes Hemd und eine Unterhose. Als ich mich in einem großen Spiegel sah, mußte ich doch noch lachen. Der SS-Mann führte mich zum Bunkerbau durch einen langen Gang mit vielen Türen. Ich sah mich um. In der Zelle befanden sich ein Stockbett ohne Strohsack und Decke, ein

Klosett, ein kleines Waschbecken und ein Heizkörper. Die Zelle war blitzsauber. Ein Parkettboden, glatte weiße Wände und Decke, ein schmales Kippfenster und vor ihm ein ganz enges Eisengitter. Das Stockbett war mit Holzbrettern durchzogen, aber in der Mitte war ein Querholz eingebaut, welches das Liegen fast unmöglich machte. Der Raum war etwa drei Meter lang, zwei Meter breit und zweieinhalb Meter hoch. Man erfror nicht, aber man fror. So stand ich eine Weile da, kahlgeschoren, ausgehungert, fast nackt. Es war der 18. Dezember. Ich setzte mich auf das Klosett. Das war der einzige Ort, wo ich normal sitzen konnte. Wir Kriegsdienstverweigerer waren von der großen Masse der Gefangenen durch das Wirtschaftsgebäude, die Küche und die Waschräume getrennt. Wenn man von der Bunkerzelle wegkam, wurde man in eine am Ende des Arresthofes an den Bunker angebaute Baracke gebracht und kurze Zeit später in ein Außenlager transportiert. Die Behandlung, die man uns dort angedeihen ließ, war kaum besser, eher schlechter, als im restlichen Lager. Deswegen nannten uns die Häftlinge, wenn sie uns durch das Lagertor ein oder aus gehen sahen, auch die Knochenmänner. In dieses Lager wäre auch, wie ich heute weiß, Josef Mayr-Nusser gekommen, wenn er nicht auf der Fahrt hungers gestorben wäre.

Wie ich so in der Bunkerzelle saß, wurde eine Tür aufgesperrt, und eine schrille Stimme rief: „Komm heraus!“ Ich hörte ein paar dumpfe Schritte, die Tür wurde wieder zugemacht. Ich sah, daß jemand an meiner Tür durchs Guckloch hereinschaute. Gleich darauf wurde auch bei mir aufgesperrt. Ein SS-Mann stand vor dem Türeingang. Ich war schon aufgesprungen und stand in Habtachtstellung mitten in der Zelle.

Ich solle herauskommen, ich lief schnell und stand schon auf dem Gang draußen, mir gegenüber sah ich einen Mann in gleicher Aufmachung. Wir beide mußten mit der Wache voran in schnellem Tempo zur Ausgangstür gehen. Dort befand sich rechts ein kleiner Waschraum. Wir holten Besen, Eimer mit Wasser und Lappen. Ich nahm rasch Besen und Kehrschaufel in die Hand, weil ich dachte, die Arbeit mit diesen sei leichter als das Aufwischen. Sofort schrie mich der Wachmann an: „Sie Faulpelz, Sie dreckiger! Sie werden schon noch lernen, was man zuerst anfaßt.“ Schon haute er mir auch eine herunter. Dann riß er mir den Besen aus der Hand und befahl mir, in die Hocke zu gehen, die Hände vor mir ausgestreckt. Er legte mir den Besen in die Hände. So mußte ich den ganzen Gang zweimal auf und ab hüpfen. Ich war zum Schluß total fertig und mußte den Besen dem Kollegen geben. Ich erhielt einen Eimer mit Wasser und einen Lappen. In kurzer Zeit putzten wir den ganzen großen Gang, dann mußten wir wieder in die Zelle zurück.
Als ich allein in der Zelle war und Zeit zum Denken fand, wurde mir bald bewußt, was ich vorher falsch gemacht hatte: Man mußte sich immer auf die harte Arbeit stürzen, dann wurde man eher einer leichteren zugewiesen. Auf einmal hörte ich Schritte und das Geklapper von Eimern und Löffeln. Die Schritte kamen immer näher zu meiner Tür. Man sperrte das Klappoch auf und ließ es herunter, daß es einen kleinen Tisch darstellte, und legte das Eßgeschirr darauf. Ich nahm das Essen. Mein Hunger war natürlich groß, denn seit ungefähr acht Uhr in der Früh hatte ich nichts mehr gegessen. Fast andächtig verzehrte ich ungefähr einen halben Liter ganz dünner Erbsensuppe. Als ich fertig gegessen hatte, spürte ich den Hun-

ger noch mehr als zuvor. Aber an solche Kleinigkeiten gewöhnte man sich mit der Zeit.
Ich war sehr müde, wagte es aber nicht, mich hinzulegen, bevor nicht das Licht ausgemacht würde. Endlich wurde es dunkel, ich legte mich ohne Decke auf den Boden und sprach noch mein Abendgebet. Dann schlief ich ein.
Dies war mein erster Tag in Dachau.
Am nächsten Morgen, ungefähr um sieben Uhr, hörte ich auf dem Gang schon die Essensverteiler. Man schöpfte mir die Aluminiumschale halbvoll Milchkaffee. Ich blieb stehen, weil ich hoffte, auch noch Brot zu erhalten. Aber der Mann mit der Kaffeekanne brüllte mich an: „Auf was wartest du noch, etwa auf das Brot? Verschwinde sofort, sonst nehme ich dir auch noch den Kaffee weg."
Ich trank den Kaffee, spülte die Schale aus und wusch mir auch das Gesicht. Zum Abtrocknen hatte ich nur das Hemd. Da setzte ich mich wieder auf den Klosettdeckel. Ein paar Stunden vergingen. Dann näherten sich wieder Schritte. Eine Tür wurde aufgesperrt, und man mußte hinauslaufen. Dann öffnete man auch meine Tür, ich mußte ebenfalls auf den Gang hinaus. Das Putzen ging wieder los. Diesmal klappte es für mich besser. Ich stürzte mich gleich auf Eimer und Lappen und holte Wasser, während der andere vor mir kehrte. In kurzer Zeit hatten wir den Boden saubergemacht. Als wir die Putzsachen in den Waschraum trugen, hörten wir draußen plötzlich Schreien und Schimpfen. Im selben Augenblick kamen zehn bis zwölf Männer im Laufschritt herein. Sie waren alle gleich ausgerüstet: kahlgeschoren, barfuß, in Hemd und Unterhose wie wir. Hinter ihnen liefen zwei SS-Männer, die immer wieder mit Gummiknüp-

peln auf sie einschlugen. Aus den Hilferufen und Flüchen der Geschlagenen erkannte ich sofort, daß es sich um Italiener handelte. Die Neuankömmlinge wurden durch eine Tür hereingestoßen, und auch mich brachte man wieder in die Zelle zurück. An die Wache, welche mich durch das Guckloch beobachtete, gewöhnte ich mich bald.

Nach einer Weile hörte ich vor meinem Fenster im Hof Arbeitergruppen vorbeimarschieren, wahrscheinlich begaben sie sich zum Mittagessen in ihre Baracken. Auch ich freute mich auf das Essen. Ich stellte mich an die Tür und wartete auf das Öffnen der Klappe. Eine Weile stand ich da, bis mir schließlich klar wurde, daß hier der Leitsatz galt: „Wer nicht arbeitet, soll auch nicht essen." In unserer Zellenreihe wurde kein Essen verteilt.

Ich hatte wieder viel Zeit zum Nachdenken. Ich war sicher, daß Hitler den Krieg verlieren werde. Mich plagte aber die Sorge, was sie mit uns machen würden vor der Befreiung. Die Heimkehr erschien mir immer unwahrscheinlicher.

Am späten Nachmittag wurde es wieder lebendig, die Tür nebenan wurde aufgesperrt, eine schrille Stimme schrie: „Zwei Mann heraus." Von den Italienern, die dort drinnen waren, rührte sich niemand. Sie hatten wohl nichts verstanden. Nach ein paar schnellen Schritten klatschten schon die Ohrfeigen. Zwei Männer wurden hintereinander auf den Gang hinausgeworfen. Dann ging es erst richtig los. Der Wachmann schrie, schimpfte und schlug selbst. Als er sich ein wenig beruhigt hatte, mußte noch der Gang geputzt werden. Von da ab war das Gangputzen die Arbeit der Italiener.

Inzwischen war die Nacht hereingebrochen. Die Ar-

beitskolonnen rückten ins Lager ein. Mit Bärenhunger verschlang ich mein Abendessen, eine Rote-Rüben-Suppe. Ich schleckte die Schüssel so sauber aus, daß ich sie gar nicht mehr zu reinigen brauchte. Aber durch das Essen wurde der Hunger nur immer größer. Als das Licht ausging, legte ich mich wieder auf den Boden, möglichst nahe an den kleinen Heizkörper, der an der Wand angebracht war und bei dem man sich bei Gott nicht verbrennen konnte. Das Einschlafen wollte mir aber nicht recht gelingen. Ich fror, es war ja Winter, und ich hatte keine Decken. Zur Kälte gesellte sich noch die Angst vor dem nächsten Tag.
Ungefähr um sechs Uhr gab es wieder Frühstück. Der Kaffee schmeckte sehr gut, obwohl er nur ein trübes Wasser aus gebrannter Gerste und ohne Zucker war. Das Mittagessen blieb natürlich wieder aus. Am späten Nachmittag erschien ein SS-Mann und übergab mir meine Socken und die Lederhosenträger. Ich mußte mit dem Mann zum Zellenbau in die angebaute Baracke. Drinnen befand sich gleich rechts die Bekleidungskammer. Zwei Häftlinge sortierten gerade Kleider aus. Der Wachmann befahl ihnen, mir Kleider zu geben und mich auf Stube zwölf zu bringen. Dann entfernte er sich. Ich zog mir die Kleidungsstücke, die man mir hingeworfen hatte, gleich an. Zu meiner Überraschung waren die Hose und die Jacke nicht gestreift, es handelte sich vielmehr um ein italienisches Militärgewand, auf welchem mit weißer Farbe groß die Buchstaben „KZ“ aufgemalt waren. Ich erhielt noch eine Mütze, Schuhe und eine Decke. Auf Stube zwölf übergab man mich dem Stubenältesten. Dieser erklärte mir die Stubenordnung und befahl mir, sie ganz genau einzuhalten, denn jedes Vergehen werde streng bestraft. Er wies mir einen Platz zu, auf

den ich meine Sachen legen konnte. Es war meine Pritsche. Erst jetzt hatte ich Zeit, mich umzusehen. Hinter der Tür stand ein Tisch, daneben zwei Stockbetten. Rechts waren zwei andere zweistöckige Betten. Auf der linken Seite sah es genauso aus, insgesamt gab es also zwölf Betten. Auf den Pritschen lagen Strohsäcke. Ich setzte mich hin, so gut es ging. Aufrecht sitzen konnte man auf den Betten nicht. Als der Stubenälteste hinausging, wurde ich von Kollegen vorsichtig gefragt, woher ich komme und warum ich hier sei. Langsam erfuhr ich, daß wir aus fünf verschiedenen Ländern stammten: Italien, Österreich, Deutschland, Rußland, Schweiz. Wir hatten alle das gleiche Vergehen begangen.

Im Gang unserer Baracke hörte man eine schrille Pfeife. Alle Stubenältesten mußten zum Eingang eilen. Dort übergab man ihnen ein Kommißbrot und ein Stück Fett. In der Stube wurde das Essen auf zwölf Leute aufgeteilt. Die dünne Brotschnitte mit dem Fett bedeutete für mich ein Festessen. Nie zuvor hatte mir Brot so gut geschmeckt. Aber leider war es sehr wenig. Das Gespräch in der Stube ging natürlich vom Essen, dann sprach man aber vorsichtig auch von der Politik.

Wenn der Pfiff ertönte, mußten wir auf dem Gang antreten. Es wurde abgezählt, dann kehrten wir wieder in die Stuben zurück. Ich freute mich schon auf das Schlafen, auf den Strohsack mit der Decke. Nach einem neuen schrillen Pfiff krochen alle in die Betten. Ein paar SS-Männer gingen durch die Stuben, der Stubenälteste mußte noch aufbleiben und die genaue Zahl der Häftlinge melden. Wir mußten dann noch die Füße zeigen. Es wurde genau kontrolliert, ob sie auch sauber wären.

In der Stube nebenan ging auch gleich das Geschrei los. Man hörte Ohrfeigen klatschen. Die von nebenan mußten auf den Gang hinauslaufen. Dort mußte man in der Hocke einige Male den ganzen Gang auf und ab hüpfen, dann im Waschraum die Füße waschen und auf schnellstem Wege wieder zurück zu den Betten laufen. Ob die Füße jetzt sauber waren oder nicht, das war für die Wachen wohl uninteressant. In unserer Stube schien alles in Ordnung zu sein. Nach der Kontrolle wurde das Licht ausgeschaltet. Wir konnten endlich schlafen.
Am nächsten Tag am frühen Morgen ertönte wieder die schrille Pfeife, und eine Stimme rief: „Alles aus den Betten." Wir liefen ohne Hemd zum Abwaschen, der Waschraum lag am Ende der Baracke. Man mußte sich sehr beeilen, damit man einen Wasserhahn und ein Klosett erwischte. Hin und zurück ging es immer im Laufschritt. Das Bettenmachen bedeutete für uns keine große Arbeit. Der Strohsack war ja schnell aufgeschüttelt und die Decke auch bald zusammengefaltet. Sie mußten aber alle ganz gleich gefaltet sein. Die Schuhe kamen vor die Pritsche. Überall herrschte peinlichste Ordnung. Je einer pro Stube mußte Kaffee holen und verteilen. Wenn etwas übrigblieb, erhielt jeder noch zusätzlich ein paar Tropfen. Der Milchkaffee schmeckte köstlich. Brot gab es aber erst am Abend. Einer von uns mußte die Stube kehren. Das Aufräumen war immer eine Strafarbeit. Es gab die verschiedensten Lagerstrafen. Die geringste waren zwanzig Kniebeugen. Schlimmer war es schon, wenn man dabei einen Stuhl in den Händen halten mußte. Dann gab es die zwanzig Liegestütze; wenn einer dabei den Boden berührte, mußte er von vorne beginnen, bis der eine oder andere erschöpft am Boden

liegenblieb. Der Arme erhielt dann seine Portion Fußtritte und Ohrfeigen. Bei den Ohrfeigen mußte man strammstehen. Wer zuckte oder ausweichen wollte, der bekam noch eine größere Tracht Prügel.
An diesem Tag traf es unsere Stube, den Gang zu putzen. Zum Glück kam die Reihe nicht an mich, denn es dauerte nicht lange, bis sich draußen Geschrei erhob. Einer der Putzer wurde von einigen Männern in die Stube hereingeschleift und ganz wild geschlagen. Die Männer schrien: „Der hat Brot gestohlen, wir erschlagen ihn, an den Bock mit ihm.“ Unter Bock konnte ich mir noch nichts vorstellen, aber ich sollte gleich erfahren, was damit gemeint war. Der Mann wurde auf den Tisch geworfen, man zog eine Decke über seinen Körper und hielt ihn dann an Armen und Beinen fest. Zwei andere Männer schlugen abwechselnd auf das Gesäß des Mannes ein. Der Arme mußte selbst laut bis fünfundzwanzig zählen. Anschließend mußte er noch einige Zeit vor seiner Pritsche strammstehen.
Von unserer Baracke brauchte vorläufig niemand zur Arbeit. Das Weihnachtsfest näherte sich. Wir waren sehr gespannt, ob wir irgendein Weihnachtszeichen zu sehen oder zu hören bekommen würden. Die meisten glaubten nicht daran. Aber am Heiligen Abend wurde in der Ecke im Gang ein kleinerer Baum aufgestellt, der mit bunten Papierstreifen verziert war, aber keine christlichen Zeichen trug. Zu unserer Überraschung gab es am Weihnachtstag zu Mittag anstatt der üblichen Krautsuppe drei Pellkartoffeln und ein wenig Fleischsoße. Für uns war dies wirklich ein Festessen. In Gedanken weilte aber wohl jeder bei seinen Lieben daheim. Solche Weihnachten im Konzentrationslager wird niemand vergessen. Ich hatte

gehofft, bis Weihnachten würde der Krieg zu Ende sein. Ich betete jeden Tag um den Frieden, ergab mich aber dem Willen Gottes. Natürlich stellt man sich an solchen Feiertagen die trübseligsten Fragen: „Werde ich noch einmal daheim Weihnachten feiern? Wie wird es weitergehen? Muß ich vielleicht, wie viele andere in Dachau, wegen Hunger, Krankheit oder Totschlag mein Leben lassen?“ Nach solchen Gedanken half nur eines, nämlich das Beten. Sonst wäre ich wohl verzweifelt.
Am 26. Dezember wurde uns mitgeteilt, daß wir in ein anderes Lager, nach Hersbruck, gebracht würden. Ich glaubte zunächst, falsch verstanden zu haben. Ich hatte Innsbruck verstanden. Aber leider hieß der Ort wirklich Hersbruck, nahe Nürnberg, und nicht Innsbruck. Manche freuten sich, von hier wegzukommen, manche jedoch wollten wissen, in anderen Lagern sei das Leben noch schlimmer. So sahen wir der Zukunft mit Sorge entgegen.

WEITER NACH HERSBRUCK

Am 27. Dezember in der Früh kam der Befehl zum Abmarsch. Das hieß Schuhe anziehen und mit Eßtopf und Löffel im Gang antreten. Es wurde die ganze Baracke geräumt. Wir mußten der Reihe nach an der Küche vorbeimarschieren, wo jeder eine Scheibe Kommißbrot, ein Stück Wurst und ein Stück Margarine erhielt. Keiner hatte eine Ahnung, wie lange diese Verpflegung reichen sollte. So marschierten wir mit dieser kostbaren Verpflegung in der Hand beim Lagertor hinaus. Draußen in der Nähe stand schon der Zug bereit. Wir wurden auf Viehwaggons geladen, ungefähr dreißig Mann pro Wagen. Dann wurde das Tor geschlossen und fest verriegelt. Im Waggon war auf einer Seite ganz oben ein kleines vergittertes Fenster. Wegen des großen Hungers ließen wir uns alle dazu verleiten, unsere Wegzehrung gleich aufzuessen, ohne zu ahnen, wie lange wir nichts mehr bekommen sollten. Der Zug ratterte langsam dahin. Wir hoben uns gegenseitig zum Fenster hoch, um hinauszuschauen. Obwohl wir sehr eng beisammenstanden und einander etwas erwärmten, war es im Zug doch sehr kalt. Besonders an den Füßen froren wir. Der Zug kam nur langsam vorwärts.

So gegen Mittag gab es schon den ersten Fliegeralarm. Die Waggons blieben stehen, die Lokomotive wurde abgehängt. Die Wache marschierte um den verriegelten Waggon herum. Wir hörten die Flugzeuge und die Flak. Nach einer Weile ertönte die Entwarnung. Einer schlug mit der Faust an die Wand und schrie laut, wir müßten austreten. Von draußen kam die Antwort: „Ihr Schweinehunde, scheißt nur in die

Ecke hin, wie ein normales Schwein!" Wir gaben aber nicht so schnell auf, und schließlich wurde doch die Tür aufgemacht. Einer nach dem anderen durfte hinaus und seine Sache hinter dem Zug unter Bewachung verrichten. Wir konnten auch etwas frische Luft schnappen, denn im Waggon war der Gestank unerträglich. Der Zug stand auf einem Ausweichgeleise in einem lichten Föhrenwald. Als wir wieder in den Waggon gepfercht waren, machte sich neuerlich der Hunger bemerkbar. Bei mir nagte der Hunger schon seit meiner Verhaftung im Magen. Von Tag zu Tag wurde es schlimmer, man kann sich das heute selbst nicht mehr vorstellen.
Am späten Nachmittag führte uns die Lokomotive wieder weiter. Nach etwa einer Stunde wurde es dunkel, und ungefähr um sieben Uhr abends hielt der Zug an. Wir merkten, daß wir auf einem Bahnhof standen, die Waggons wurden wieder auf ein Nebengeleise gestellt. Abendessen gab es natürlich keines. Einige wollten sich hinlegen, aber das ging nicht so einfach. Nach längerem Hin und Her hatte jeder mindestens ein kleines Plätzchen zum Hocken gefunden. So verbrachten wir hungernd und frierend die Nacht. An ein Schlafen war nicht zu denken. Wir dösten so dahin. Einmal heulten die Sirenen, wir schreckten zwar auf, aber wir brauchten unsere Stellung nicht zu ändern. Vielleicht hat sich mancher von uns auch gewünscht, von einer Bombe vom jetzigen und zukünftigen Elend erlöst zu werden. Für mich war das Beten das einzige Mittel, das mir über alles hinweghalf.
Mit dem Morgengrauen durften wir aus dem Waggon hinaus. Draußen schneite es. Als wir, natürlich ohne jedes Frühstück, weiterfuhren, schneite es immer noch. Zu Mittag erreichten wir einen Bahnhof; nach

kurzem Aufenthalt fuhren wir aber wieder weiter. Es begann bereits zu dunkeln, als wir nach einiger Zeit anhielten.
Draußen hörte man Stimmen. Die Waggons wurden aufgemacht, und wir mußten hinaus. Das Gelände war schwach beleuchtet. Vor den Waggons standen mehrere SS-Männer, die ungeduldig auf uns warteten. Unsere Haltestelle war kein richtiger Bahnhof; es gab nur ein paar Bahngeleise mit mehreren Waggons. Wir befanden uns in der Nähe von Hersbruck. In Marschordnung stiegen wir durch ein Tal hinauf. Links oben erblickte man eine Reihe von Lichtern. Wie ich erst später erfuhr, stand dort ein Werk, in dem auch viele von uns zur Arbeit eingesetzt wurden. Das Marschieren gestaltete sich immer langsamer. Wir waren natürlich geschwächt, weil wir zwei Tage lang weder gegessen noch geschlafen hatten. Die SS-Männer schrien und schimpften. Sie schlugen auf die letzten von uns ein, welche fast nicht mehr nachkamen. Dann sah man durch den Nebel etliche Lichter. Wir waren am Ziel angelangt.
Zwischen zwei Häusern befand sich ein kleinerer Graben mit einer ganz schmalen Brücke. Als wir darübermarschierten, erhielt jeder vierte Mann einen kleineren runden Brotlaib mit ein wenig Marmelade. Vor einem größeren Haus war ein großer Platz. Wir wurden genau abgezählt und auf die Stuben verteilt. Ich wurde einer Stube im zweiten Stock zugeteilt. Es war schon Bettruhe, als wir den Raum betraten. Der eine oder andere lugte von seiner Pritsche herunter. Dann kam die große Überraschung.
Einer rief: „Hoi, Franz, kommst du jetzt auch?“ Ich erkannte sofort die Stimme. Es war Toni Königsrainer aus dem Passeiertal, der mit seinem Landsmann Franz

Hauser eine Woche vor mir aus dem Gefängnis in Schlanders weggebracht worden war. Natürlich freute ich mich sehr, hier Freunde aus Südtirol zu treffen. Ich vergaß sogar die Müdigkeit und den Hunger. Mir wurde eine Pritsche zugewiesen, und ich setzte mich darauf, so gut es eben ging. Ich griff sofort nach meinem Brot. Nach zwei Tagen und einer Nacht wieder Essen: Ich aß mit dem ganzen Körper, mit den Gedanken, mit den Augen, mit dem Mund und mit den Händen. Mein ganzes Ich war mit dem Essen beschäftigt. Es war ungesalzenes Schwarzbrot, die Marmelade, die allerdings nicht für das ganze Brot reichte, schmeckte sehr gut. Dann ging ich in den Waschraum, der im ersten Stock lag. Dort wusch ich mir Gesicht und Hände.

Nachdem ich mich etwas gereinigt hatte, ging ich mit meinen Fahrtkollegen wieder in unsere Stube. Ich hoffte, ungestört schlafen zu können. Der Abendappell hatte nämlich schon vor unserer Ankunft stattgefunden. Ich zog mich aus und kroch in meine Pritsche, auf der ein gefüllter Strohsack lag. Ich nahm die Decke über, die man mir gegeben hatte, legte Hose und Jacke noch darüber und steckte meine Socken vorsichtshalber unter den Kopf, denn Socken waren Mangelware. Dann schlief ich sofort ein.

Um sechs Uhr früh wurden wir durch einen schrillen Pfiff geweckt. Alle rannten ohne Hemd in den Waschraum; wurde einer mit dem Hemd erwischt, so erhielt er eine Lektion. So mußte er beispielsweise alles ausziehen, wurde dann aus einem Schlauch mit eiskaltem Wasser abgespritzt und mit einer Bürste abgebürstet, bis der Körper blutig war. Oder er wurde mit einem Gummischlauch so lange geschlagen, bis der Rücken voller Striemen war.

Im Waschraum befand sich ein langes Becken mit mehreren Wasserhähnen, gegenüber der Klosettraum mit etwa einem halben Dutzend Schalen nebeneinander. Man mußte sich sehr beeilen, denn die letzten erhielten immer einige Fußtritte. Wenn die SS nicht selbst da war, sorgten die Stubenältesten oder ein anderer „Großer“ für die täglichen Schikanen. Nach der Rückkehr in den Schlafraum machten wir die Betten, dann teilte der Stubenälteste den Kaffee aus. Wir mußten im Hof antreten und wurden genau abgezählt. Die verschiedenen Arbeitskommandos wurden dann herausgerufen. Sie marschierten im Gleichschritt, ein Lied singend, zur Arbeit. Wir Neuankömmlinge mußten uns im Vorraum der Schreibstube aufstellen. Drinnen wurde ich nach Namen, Geburtsort, Herkunft, Verbrechen und Höhe der Strafe gefragt. Alles wurde aufgeschrieben. Schließlich mußte ich mich ausziehen, wurde abgemessen und gewogen. Als ich auf der Waage stand, erschrak ich: In Schlanders hatte ich neunundsechzig Kilo gewogen, jetzt nach dreizehn Tagen nur noch neunundfünfzig. Wenn es so weiterging, würde ich bald erledigt sein.
Wir mußten am ersten Tag unseres Hierseins nicht zur Arbeit gehen. Wir erhielten sogar ein Mittagessen. Es bestand aus einer dünnen Erbensuppe, welche sogar ein bißchen nach Fleisch schmeckte. Den Arbeitskommandos wurde die Mittagssuppe von einem kriegsgefangenen Franzosen mit einem Pferdeschlitten zur Arbeitsstelle gebracht.
Als wir alle das Abendbrot gegessen hatten, durften wir uns im Schlafraum ungestört unterhalten. Ich wurde sofort von Südtirolern umringt. Es waren hauptsächlich Passeirer da, Toni Königsrainer, Franz Hauser, Georg Oberprantacher, Franz und Heinrich

Haller sowie der Eisacktaler Simon Dorfmann aus Garn bei Latzfons. Alle wollten von mir Neuigkeiten erfahren. Vor allem interessierte sie, ob der Krieg bald zu Ende ginge. Das wußte ich ja selbst nicht. Mich interessierte dafür das Leben hier. Sie konnten mir nichts Gutes erzählen. Vom Tagesanbruch bis zum Einbruch der Dunkelheit gab es Schwerarbeit, zu Mittag wurde eine halbe Stunde Pause eingeschaltet, gerade Zeit genug zum Suppenessen.
Jetzt ertönte die schrille Pfeife, und eine Stimme schrie: „Raus zum Zählappell!" Jetzt begann ein Laufen und Rennen. Manche waren gerade beim Flöhesuchen gewesen, andere hatten sich schon auf den Strohsack gelegt und waren eingeschlafen. Diese kamen natürlich als letzte in den Hof. Sie erhielten von links und rechts Püffe. Wir mußten uns in Dreierreihen aufstellen. Wenn die Reihe nicht schnurgerade auslief, wurden wir auseinandergejagt, mußten uns hinlegen, aufstehen, hinlegen, im Schnee umherkriechen und dann wieder in Dreierreihen antreten. Zwar wollte sich jeder schnurgerade in die Reihe stellen, trotzdem passierte es, daß diese Schikanen oft zwei-, dreimal wiederholt wurden. Hatte das Aufstellen endlich geklappt, ging das Abzählen los. Das gestaltete sich meistens noch schwieriger, da die Ausländer die deutsche Sprache nicht verstanden und sich schwer taten, die richtige Nummer zu rufen. Hatten schon die Deutschsprachigen mit dieser Nummernzählerei Schwierigkeiten, so fiel sie Italienern, Kroaten, Rumänen usw. natürlich noch viel schwerer. Oft mußte zwei- oder dreimal von vorne begonnen werden. Wenn es endlich gelungen war, durften wir abtreten und in die Baracken gehen. Wenn die Wache aber einmal ganz schlecht gelaunt war und der Appell nicht

glänzend klappte, wurde die ganze Mannschaft noch mehr schikaniert: stundenlang strammstehen bei beißender Kälte oder im Schnee herumkriechen, dann aufstehen, wieder hinlegen usw. Diese Prozedur dauerte manchmal ziemlich lange.

Wenn es jemand beim Abzählen nicht richtig machte, mußte er aus der Reihe treten, wurde verprügelt, bis er total fertig war. Erst dann durfte er wieder in die Reihe eintreten. War es endlich soweit, daß man unter die Decke kriechen konnte, schlief man sofort ein. Jeden Tag abwechselnd mußten zwei noch den Raum kehren. Wer glaubte, dann endlich Ruhe zu haben, täuschte sich. Es kam erst noch das Füßezeigen mit allem Drum und Dran. Trotz Läuseplage und Hunger schlief man ob der großen Müdigkeit bald ein.

Oft träumte ich von daheim, meistens aber nur Schlechtes. Ich träumte, daß ich mich auf der Flucht befände und von Polizei verfolgt würde –, so lange, bis ich vor Schrecken erwachte und in die Wirklichkeit zurückversetzt wurde, die noch schlimmer war als der Traum.

Am zweiten Tag nach unserer Ankunft marschierte auch ich zu einem Arbeitsplatz. Ich war einem Baukommando zugeteilt worden. Nach zwanzig Minuten erreichten wir den Bauplatz, eine ganz ebene Fläche, umgeben von kleinen Hügeln, und mit einem ganz schütteren Föhrenwald bestanden. Auf dem Platz standen Baracken mit Arbeitsgeräten und Zement, daneben lag ein großer Sandhaufen. Aus allen Sockeln und Gruben konnte man entnehmen, daß hier noch mehrere Baracken gebaut werden sollten. Mitten durch den Platz lief eine mit Granitsteinen ausgelegte Straße. In kleinen Gruppen mußten wir an die Arbeit; ich mit Pickel und Schaufel, andere mit Eisenstangen. Wir

mußten wahrscheinlich vorher gesprengte Steine freimachen, SS-Posten begleiteten uns natürlich.
Da ungefähr zwanzig Zentimeter Neuschnee lagen, mußten wir zuerst einmal diesen wegräumen. Die freigemachten Steine mußten wir mit bloßen Händen auf einen Schlitten laden, der von einem kriegsgefangenen Franzosen zum Bauplatz gefahren wurde. Wenn der Kapo der Gruppe ein halbwegs menschliches Herz hatte und die SS-Posten auch gerade nicht schlecht gelaunt waren, durfte man sich die Hände durch Schlagen etwas aufwärmen. Sie in die Tasche zu stecken, war streng verboten. Ebenso war das Stillstehen untersagt. Aber man stand ja gar nicht still, damit einem nicht die Füße erfroren. Um zwölf Uhr machten wir eine kurze Mittagspause, dann wurde wieder zur Arbeit getrieben, und gegen fünf Uhr marschierten wir zu unseren Wohnbaracken zurück. Es folgte der Appell und die Ausgabe des Essens. Die Zeit, in der wir unser Brot kauen konnten, war die schönste am ganzen Tag. Im Geist aß man es schon, bevor man es überhaupt erhielt. In Gedanken aß man danach weiter, bis einem die Läuseplage zu sehr zusetzte.
An diesem ersten Arbeitstag war ich sehr müde, da ich das Schwerarbeiten nicht mehr gewohnt war. Alle Glieder schmerzten, besonders aber die Hände, die voller Blasen waren. Ich legte mich auf die Pritsche, wehrte mich jedoch gegen das Einschlafen, denn ich wollte zum Zählappell nicht unter den letzten sein. Vor dem Einschlafen am späten Abend dankte ich dem Herrgott dafür, daß ich von größeren Schikanen verschont worden war.
So vergingen in Hersbruck die ersten Tage ohne größere Ereignisse. Es kam Neujahr, doch wir hatten umsonst auf einen arbeitsfreien Tag gehofft. Gerade

am Neujahrstag mußten wir mit unseren Händen die Schottermühle ersetzen. Wir mußten die faustgroßen Granitsteine mit kleinen Schlägen zu feinem Straßenschotter zerschlagen. Ich wurde schwer vom Heimweh geplagt. Immer stärker beschäftigten mich die üblichen trostlosen Gedanken über unsere Zukunft. Den einzigen Trost fand ich immer wieder im Beten. Mir erbarmten die Menschen, die keinen Glauben hatten und das ganze Leben für sinnlos und hoffnungslos hielten. Kein Wunder, daß sich manche von ihnen das Leben nahmen.
Es mochte eine Woche vergangen sein, als wir an einem Sonntag mit der Bettdecke im Hof antreten mußten, anstatt zum Arbeitsplatz zu gehen. In der Nacht hatte es zehn Zentimeter geschneit. Auf einer Wiese mußten wir zu zweit unsere Decke ausklappen. Als wir damit fertig waren, mußten wir gruppenweise Turnübungen machen: aufstehen, hinlegen, aufstehen, hinlegen, vor und zurück, rechts und links, und zum Schluß mußten wir uns noch eine Schneeballschlacht liefern. In den Baracken erhielten wir ein Stück Zwirn, mit dem wir unsere Knöpfe annähen und die Löcher flicken konnten. Einige schneiderten sich aus Stofflappen Handschuhe.
Am Nachmittag wurde Schreibpapier verteilt. Wir durften nach Hause schreiben. Der Brief aber durfte nur fünfzehn Zeilen enthalten. Aber was konnte man schreiben? Die Wahrheit auf keinen Fall. Ich schrieb folgendes:

„Liebe Eltern!
Im Anfang meines Schreibens grüße ich Euch herzlich ... Mir geht es soweit gut, ich habe gute Arbeitskollegen und auch andere Südtiroler sind bei mir ...

Ich arbeite im Steinbruch. Wie geht es Euch und meinen Geschwistern? … Grüßt mir alle, die um mich fragen, und bitte betet für mich.
Euer Sohn Franz“

Mehr konnte man nicht schreiben, wenn der Brief weiterbefördert werden sollte. Wahrscheinlich war es sogar besser, daß sie daheim nicht viel wußten.
Der Nachmittag endete für mich recht trostlos. Ich mußte vor Heimweh weinen. Die Briefe wurden eingesammelt und in die Zensurstelle gebracht.
Am 6. Jänner kam Befehl zur Entlausung. Wir mußten uns ausziehen, die Kleider kamen in den Dampfkessel. Dann wurden wir in den Duschraum gebracht und dort eingesperrt. Jeder hatte einen kleinen Waschlappen in die Hand gedrückt bekommen. Das Wasser war anfangs sehr kalt, wurde dann jedoch wärmer. Es war eine richtige Wohltat, sich einmal ordentlich waschen zu können. Sogar ein Stück Seife durften wir benützen. Nach der Dusche erhielten wir ein sauberes Hemd und eine Unterhose. Die fehlenden Knöpfe mußten wir mit einem Nagel oder einem Stück Holz ersetzen. Unsere Kleider dampften noch, und meine Lederhosenträger waren ganz schön zusammengeschrumpft.
Am Nachmittag ging es wieder an die Arbeit; Weihnachts- und Neujahrsfeiertage waren endgültig vorüber.
Die nächsten Tage und Wochen vergingen eigentlich schnell. Langeweile gab es nie. Man machte sich immer Sorgen, was wohl die nächsten Stunden bringen würden.
Eines Tages mußte ich zusammen mit drei anderen Kameraden im Lager zurückbleiben, während die

anderen zur Arbeit geführt wurden. Von einem SS-Mann wurden wir hinter ein Magazin geführt. Dort lag ein toter Häftling. Wahrscheinlich war er am Vortag infolge der schweren Arbeit und des Hungers, vielleicht auch wegen der schweren Mißhandlung gestorben. Es handelte sich um einen siebzehn- bis achtzehnjährigen Burschen, der stark abgemagert war. Zusammengekauert und steifgefroren lag er da. Auf einem breiten Brett mußten wir ihn zu einem Kirchlein tragen, das auf einem Seitenhang stand. Da wir uns nicht als Christen bekennen durften, konnten wir auch nicht in das Kirchlein hineinschauen.
Es galt als Ausnahme, daß ein Häftling privat von seinen Angehörigen begraben werden durfte. Aber unser toter Häftling stammte aus der hiesigen Ortschaft. So erhielten seine Angehörigen vom Lagerchef Riegler die Erlaubnis. Für gewöhnlich wurden die Toten in einem Massengrab verscharrt oder ins Krematorium gebracht.
An einem Sonntag Ende Jänner mußten wir in der Früh im Hof antreten und der Reihe nach paarweise in die Lagerkanzlei gehen. Dort wurden Name, Geburtsdatum und Nationalität eines jeden aufgeschrieben. Wir mußten uns ausziehen und wurden wieder einmal abgemessen. Ich wußte von Schlanders her, daß ich 1,72 Meter lang war. Jetzt waren es 1,70. Also verlor man hier auch an Länge. Als ich hörte, daß ich fünfundvierzig Kilogramm wiege, glaubte ich zunächst, falsch verstanden zu haben. Aber der Mann wiederholte es noch einmal. Der Kamerad hinter mir, ein Italiener, wog gar nur vierundvierzig Kilogramm. Als wir den Raum verließen, blickten wir uns beide an. Beide schüttelten wir den Kopf. Wir konnten es einfach nicht glauben, daß wir soweit heruntergekom-

men seien. Ich dachte, ich hätte die Überlebensgrenze erreicht, aber es sollte noch viel schlimmer kommen, wie ich später berichten werde.
Mein körperlicher Verfall stimmte mich tiefsinnig. Um so freudiger überraschte mich die Nachricht, daß die Jugendlichen unter zwanzig Jahren mit fünfundzwanzig Kilo Untergewicht einen Essenszuschlag bekommen würden. Da ich zu diesen gehörte, erhielt ich tatsächlich jeden Mittwoch ein Viertel von einem Brotlaib, um das mich viele beneideten. Aber ich hungerte trotzdem weiter wie alle anderen.
Dann trat ein anderes Übel auf, das mich fast zum Verzweifeln brachte: die Krätze mit einem furchtbaren Jucken am ganzen Körper. Ich kratzte Tag und Nacht, der ganze Körper war mit Geschwüren bedeckt. Wenn ich drückte, flossen Blut und Eiter heraus. Unterhose und Hemd wurden ganz klebrig. Meine Kollegen mieden mich immer mehr. Der Schmutz war der richtige Nährboden für Ungeziefer und Krankheiten. Ich spürte selbst, daß ich Tag für Tag schwächer wurde. Mich schmerzte es natürlich, daß mir auch die besten Freunde nach und nach immer mehr auswichen. Um eine Ansteckung zu vermeiden, wollte niemand mit mir in Berührung kommen. Schließlich hielt ich es körperlich und seelisch nicht mehr aus. Ich bat den Stubenältesten, mich für eine Krankenvisite zu melden. Solche Meldungen machte man nicht gerne, denn wenn jemand dem Arzt nicht genügend krank schien, erhielt er saftige Strafen.
So kam ich am Morgen zur Visite. Vor mir warteten bereits mehrere Häftlinge mit verschiedenen Leiden. Als ich ausgezogen vor den Arzt hintrat, schrie er mich an, was mir fehle. Ich erklärte ihm mein Jucken. Er schaute mich von oben bis unten an, und seine

Augen wurden immer größer, dann schrie er: „Sie Schwein, Sie dreckiges, warum haben Sie sich nicht früher gemeldet?" Dann wandte er sich sofort dem nächsten zu, schaute auch ihn von oben bis unten an und beschimpfte ihn. Auf einen Zettel schrieb er einige Zeilen und schickte uns in einen anderen Raum zu einem Häftling, der uns behandeln sollte. Dieser begann, uns mit einer zähen, nach Öl riechenden Flüssigkeit am ganzen Körper zu bestreichen. Dann erhielten wir neugewaschene Kleider und durften in die Baracken zurückkehren. Vielleicht kann sich gar niemand vorstellen, welche Wohltat es war, wieder einmal sauber gekleidet zu sein. Wir zwei Krätzekranken mußten an diesem Tag nicht auf den Bauplatz ausrücken. Wir wurden im Lagerhof beschäftigt und abends wieder mit der Flüssigkeit behandelt. Abends schlief ich natürlich sofort ein.

Ich mußte dann jeden Tag nach der Arbeit zur Behandlung ins Revier. Nach drei, vier Tagen bemerkte ich, daß mein Übel schon merklich besser wurde. Nach einer Woche war ich von der Krätze geheilt. Nun fand ich wieder Lust zum Leben. Auch meine Freunde näherten sich wieder.

Eines Abends, als der Stubenälteste zwei für den Abenddienst aufrief, hörte ich meinen Namen nennen. Ich konnte, halb verschlafen, nicht schnell genug herauskommen und fürchtete mich vor Schlägen. Er rief noch einmal meinen Namen. Ich rührte mich trotzdem nicht, aber jemand verriet ihm meine Pritsche. Im nächsten Augenblick riß er mir auch schon die Decke weg. Ich sprang raus. „Du Faulpelz, du wolltest dich drücken!" Schon klatschten die Ohrfeigen. Da mußte ich in die Hocke gehen, die Hände ausstrecken, den Besen in den Mund nehmen und so um die in der Mitte stehenden Pritschen herumhüpfen, bis ich fast nicht mehr konnte. Der andere durfte in seine Pritsche gehen. Ich mußte allein aufräumen. Erst als ich wieder auf der Pritsche lag, hatte ich Zeit, mich vom Schrecken zu erholen. Meine Zähne schmerzten schrecklich.

Ähnlich erging es mir, als ich nach dem Mittagessen Nachschlag holen wollte, das heißt, noch etwas übrige Suppe. Ein SS-Mann, dem ich unbekannt war, bemerkte mich und schlug mich. Solche Dinge passierten Stunde für Stunde, Tag für Tag. Wenn einer beispielsweise versuchte, sich während der Arbeit die Hände in den Hosentaschen zu erwärmen und dabei ertappt wurde, mußte er stundenlang Pickel und Schaufel gekreuzt auf seinen Schultern halten, ohne Handschuhe und ohne Socken bei zehn bis zwölf Grad Kälte. Oder wenn einer mit dem Schubkarren zu langsam ging, mußte er zur Strafe mit dem schwerbeladenen Karren im Laufschritt auf dem Lagerplatz herumsausen und erhielt zum Schluß noch Fußtritte.

Wenn einer den SS-Männern einmal aufgefallen war, wurde er wegen jeder Kleinigkeit geschlagen. Als ich aus dem Kreis der Aufgefallenen wieder heraus war, erwischte es meinen besten Arbeitskollegen. Eines Tages vergaß er in der Eile, beim Waschen schnell sich auszuziehen. Dafür wurde er mit Bürste und kaltem Wasser behandelt. Dann haben wir ihn nicht mehr gesehen.

Einmal war ich beim Essenholen der letzte. Es gab Pellkartoffeln. Der Koch, ein Südtiroler namens Max Prantl aus Meran, schöpfte mir nicht die üblichen zwei, drei Kartoffeln, sondern acht, zehn heraus. Mit Freude lief ich in die halbfertige Baracke, in der wir aßen und genoß meine herrliche Mahlzeit. Heute noch bin ich dem Koch dankbar. Wenn es Kartoffeln gab, aßen wir sie ungeschält. Dann versuchten wir noch, die Kartoffelschalen von den Tischen der SS-Männer zu stehlen. Dabei mußten wir aber sehr vorsichtig zu Werke gehen, denn es war verboten, ihre Abfälle zu essen.

Eines Abends meldete mir der Stubenälteste, daß ich am nächsten Morgen zum Lagerchef gehen müsse. Ich erschrak, denn meistens bedeuteten solche Nachrichten nichts Gutes, sondern eine Strafversetzung zu einer schwereren Arbeit, die Überstellung in ein anderes Lager oder die Einlieferung in den Lagerbunker, welcher sich gleich hinter der Tür zum Schlafraum befand. Dieser Bunker war ein 2 mal 1,5 Meter kleiner Kotter mit Holzstangen vom Boden bis zur Decke. Die schmale Öffnung war mit einem festen Schloß versehen. Anstelle einer Pritsche lag nur ein wenig Stroh auf dem Boden, ein Kübel in der Ecke mußte als Klosett dienen. Die Gefangenen erhielten manchmal auch nur jeden vierten Tag etwas zum Essen. Ich vermied es, wenn ich konnte, an dem Bunker vorbeizugehen, da die Häftlinge so verzweifelt zwischen den Stangen hervorschauten.

Kleine Zeichen der Hoffnung

Am nächsten Morgen forderte mich ein SS-Mann auf, ihm zu folgen. Wir gingen durch ein Tor hinaus und traten im Gebäude nebenan in einen kleinen sauberen Raum, welcher dem Chef als Büro diente. Dieser saß hinter einem kleinen Tisch. Nachdem mich der SS-Mann vorgestellt hatte, grüßte er und ging hinaus. Der Mann hinter dem Tisch, ein hoher SS-Offizier, blickte mich lächelnd an. Wahrscheinlich hatte er meine Knie schon schlottern gesehen. Ich durfte mich auf einen Stuhl setzen, und meine Angst war schon vorbei. So liebenswürdig hatte ich noch keinen SS-Mann mit mir reden hören. Er fragte mich, woher ich komme, und wollte genau wissen, aus welcher Gegend in Südtirol. Er kenne das Sarntal zwar nicht, aber in Meran sei er schon öfter gewesen. Da er aus Hall in Tirol stamme, habe er Südtirol schon oft besucht. Ich mußte ihm Näheres über den Grund meiner Inhaftierung erzählen. Der Lagerchef hörte mir geduldig zu und stellte mir kleine Zwischenfragen. Hin und wieder schaute er auf den Brief, den er vor sich liegen hatte. Er lächelte und nickte. Mir schien, als ob ich ihm leid täte. Er fragte, ob jemand für mich um eine Begnadigung angesucht hätte. Ich wußte von nichts. Da teilte er mir mit, daß ich von zehn Jahren auf zweieinhalb Jahre Konzentrationslager begnadigt worden sei. Es freue ihn, bemerkte er, mir dies mitteilen zu können. Er ermutigte mich durchzuhalten, damit ich einmal nach Südtirol zurückkehren könne.

Mir rollten die Tränen herunter. Nicht so sehr wegen der Begnadigung als wegen der Menschlichkeit, die mich dieser Mann spüren ließ. Ich hätte ihm vor

Freude um den Hals fallen können. Ich bedankte mich und ging zur Tür hinaus. Draußen erwartete mich der SS-Mann, der mich zum Arbeitsplatz geleitete.
Natürlich hatte ich von da an vor dem Lagerchef keine Angst mehr. Angst machte mir aber der Oberscharführer, der stellvertretend unser Außenlager regierte. Der Chef kam nur alle zwei, drei Wochen einmal, dann wurde der Oberscharführer nervös, und aus reiner Angst begann er, uns zu schikanieren. Die Vorbereitung war schlimmer als der ganze Besuch.
Als ich zu meinen Arbeitskollegen zurückkehrte, schauten mich alle neugierig an. Reden durften wir ja nicht. Aus meinem Gesichtsausdruck konnten aber alle ablesen, daß mir nichts Schlimmes passiert sein konnte.
In der Mittagspause erzählte ich ihnen kurz, was geschehen war, und alle freuten sich mit mir. In den folgenden Monaten wurden immer wieder solche Begnadigungen gemeldet. Die genauen Gründe wußten wir nicht. Wahrscheinlich fürchteten sich aber so manche Nazi daheim, welche die Leute in das Konzentrationslager gebracht hatten, jetzt schon vor dem baldigen Kriegsende, vor der Vergeltung, die sie erwartete. Mit diesen Begnadigungen wollte man wohl den Zorn der Heimkehrer vermindern.
Zur Mittagszeit flogen seit kurzem immer zwei, drei kleine Flugzeuge ganz nahe über uns vorbei. Wir dachten uns gar nichts dabei, wenn wir nicht eines Tages weit weg zwei Schüsse gehört hätten. Wir dachten zuerst, es wäre ein Häftling geflohen. Die Wache wurde nervös, und wir mußten sofort ins Arbeitslager zurück. Dort stellten wir uns in Reih und Glied neben die andere Gruppe. Der Wachmann meldete dem Wachoffizier, daß die Steinbruchgruppe

vollständig angetreten sei. Es wurde noch einmal abgezählt, aber niemand fehlte. Auf die Frage des Wachoffiziers an die Wachmänner, wer geschossen habe, meldete sich niemand. In diesem Moment flog wieder ein Flugzeug vorbei, und nach ein paar Sekunden krachte es. Die Wache wurde noch nervöser. Der Offizier ging mit zwei Männern in die Richtung, aus der das Krachen gekommen war. Wir mußten stramm weiter in Reih und Glied stehen. Erst nach ungefähr zehn Minuten erfuhren wir, was passiert war. Der Wachmann, welcher den Fuhrmann mit dem Essenswagen begleitete, hatte erkannt, daß es sich um feindliche Flugzeuge gehandelt hatte, und hatte zwei Schüsse abgegeben. Daraufhin drehte der Pilot um und schoß zurück. Die Schüsse vom Flugzeug hatten ihr eigentliches Ziel verfehlt, und statt des Wachmannes hatte es den Kessel unserer Suppe getroffen. Unser Mittagessen war dahin.
In den nächsten Tagen wurde uns befohlen, uns ja nicht zu rühren, wenn Flugzeuge sich näherten. Natürlich ließen wir uns das nicht zweimal sagen. Angst vor feindlichen Fliegern hatten wir natürlich nicht.
Als das neue Lager beziehbar war und wir alles sauber aufgeräumt hatten, kamen der Lagerchef und noch einige SS-Offiziere. Wir Häftlinge und die Wachen waren in Reih und Glied aufgestellt. Der Oberscharführer war sehr nervös. Er marschierte dauernd vor uns auf und nieder. Dann wurden die neuen Räume besichtigt. Anschließend erhielten wir sogar ein besseres Essen: Milchsuppe mit Makkaroni. Die Herren SS-Leute standen ein wenig abseits und schauten zu, mit welcher Gier wir die Kost verschlangen. Als ich mit meiner Suppe von der Küche wegging, kam ein Mann mit einem Löffel in der Hand auf

mich zu und bat mich, ihm einen Löffel voll Suppe zu geben. Er werde sie mir nachher sofort zurückgeben. Als ich später zu ihm hinging, jagte er mich davon, und ich war der Betrogene. So wertvoll war damals ein Löffel Suppe, daß ich mich heute, nach gut vierzig Jahren, noch genau daran erinnern kann. Wem das Glück beschieden war, in der Küche zu arbeiten, fand auch Gelegenheit, manchmal etwas mit in die Baracke zu nehmen. Ein Südtiroler brachte immer Salz mit und streute ein wenig davon seinen Freunden auf die ungesalzene Brotscheibe. Als Landsmann wagte ich es auch einmal, ihn um eine Prise zu bitten. Doch mich wies er grob ab. Also auch damals war der Zusammenhalt der Südtiroler nicht gerade vorbildlich.

Einen Tag nach der Lagerbesichtigung übersiedelten wir. Das bedeutete für uns keine große Arbeit, wir besaßen ja nichts, außer der sehr mangelhaften Bekleidung. Manche trugen Holzsandalen, die aus fußgroßen Brettern mit einem darübergespannten Draht bestanden. Fast alle waren im Besitz eines Messers zum Brotteilen. Es war einfach ein Stück Blech, das man irgendwo auf dem Bauplatz gefunden und an einem Ziegel zurechtgerieben und scharfgemacht hatte. So marschierten wir also zum letzten Mal durch das Tor des alten Lagers hinaus, weg von diesem verlausten Loch, in dem uns das Ungeziefer in den Nächten fast zur Verzweiflung gebracht hatte. Das Marschieren war immer so eine Sache. Fast jeder hinkte wegen einer Verletzung oder Erfrierung. Wenn jemand stolperte und hinfiel, wurde er mit Fußtritten traktiert. Beim Marsch mußten wir immer singen, manchmal sogar Tiroler Lieder, aber meistens schmutzige Lieder, wie sie die SS gerne mochte.

Wenn die Wachtmeister bemerkten, daß einer nicht mitsang, hagelte es Schläge.
In den neuen Baracken war auch nicht alles zu loben. Wir hatten mehr Platz, da wir in Zweierstockbetten untergebracht waren, aber wir froren die ganze Nacht. Wohl stand mitten in der Baracke ein kleiner Kohle- und Holzofen, der konnte den Raum jedoch bei weitem nicht erwärmen. Ein Nachteil des neuen Lagers war auch, daß wir nun einen Gemeinschaftswaschraum und -abort hatten. Zudem stand dieser abseits von den Baracken, und in der Nacht war es gar nicht so einfach, dorthin zu gelangen. Dabei mußte man sich immer die Kleider anziehen. So machte mancher lieber gleich vor der Baracke nieder. Wenn die SS nicht herausfand, wer es getan hatte, wurde die ganze Mannschaft bestraft. Nach der Rückkehr über den kalten Schnee konnte man sich im Bett nur mehr sehr schwer erwärmen.
Kurz nachdem wir in das neue Lager eingezogen waren, spürte ich eines Nachmittags ein schwaches Frösteln. Ich dachte mir zunächst nichts und arbeitete weiter. Gegen Abend nahm das Frösteln zu. Ich bekam Durchfall. So lag ich wie ein Häuflein Elend, zitternd vor Kälte, auf meiner Pritsche. An Schlafen war gar nicht zu denken. Ich freute mich auf einen warmen Morgenkaffee und hoffte, durch das warme Getränk und die Arbeit das Frösteln wieder loszuwerden. Trotz Kaffee nahm das Frösteln beim Morgenappell noch zu. Ich wagte es nicht, mich krank zu melden, und ging mit den anderen zum Steinbruch. Während der Arbeit mußte ich immer wieder austreten. Da ich jedes Mal den Wachmann fragen mußte, bemerkte dieser meinen Zustand. Es dispensierte mich von der Arbeit. Mir wurde immer elender, auch

die Mittagssuppe schmeckte mir nicht. So ersuchte in den Kapo, mich doch ins Krankenrevier zu bringen. Der Wärter brachte mir einen Fiebermesser und schrieb meinen Namen, das Geburtsdatum, die Nationalität und das Strafausmaß auf. Ich hatte über neununddreißig Grad Fieber und wurde im Revier aufgenommen. Der Wärter brachte mich in ein Zimmer mit sechs Pritschen, von denen drei besetzt waren. Die Männer, die dort lagen, bewegten sich nicht. Mir kamen sie wie Tote vor. Ich zog mich aus und legte mich hin. Auf dem Strohsack war sogar ein Leintuch ausgebreitet. Zum Glück befand sich im Revier ein Klosett, denn ich mußte dauernd austreten. Nachher fühlte ich mich jedes Mal so elend, daß ich nur mehr so dahindöste. In dem Raum hatten wir unsere selige Ruhe. Untereinander störten wir uns nicht, weil wir uns vor lauter Schwäche nicht bewegen konnten. Am Abend ging eine SS-Kontrolle durch das Revier und nahm den Zählappell ab. Dann störte uns bis in der Früh niemand mehr. Als es schon hell war, kam zu meiner Überraschung eine Rotkreuzschwester in unseren Raum. Sie ging von Patient zu Patient und maß Fieber. Sie sprach aber kein Wort. Mir schien, daß es sich um eine Ausländerin handelte. Als die etwas ältere Person mit dem Fiebermessen fertig war, gab sie jedem noch einen Eßlöffel voll gemahlener Kohle. Sie holte einen Teller mit einer Spritze darauf. Ich mußte den linken Arm freimachen. Mit einem Stoffstreifen band sie mir den Oberarm ab. Nachdem sie mir und auch den anderen Blut abgenommen hatte, ging die Frau wieder. Ich fühlte mich an diesem Tag so elend, daß ich glaubte, es wäre aus mit meinem Leben.

Mit Zwanzig nahezu am Ende

Es war der 6. März 1945, und gerade an diesem Tag vollendete ich mein zwanzigstes Lebensjahr. Wenn für einen Menschen das Leben normalerweise erst so richtig anfängt, sollte ich nun schon aus dem Leben scheiden. Ich fühlte mich als der Verlassenste unter den Verlassenen. Nirgends war eine Hilfe in Sicht. Meine Bettnachbarn mußten dasselbe Schicksal tragen, sie konnten mir auch nicht helfen. Von niemandem hörte ich ein tröstendes Wort, kein Freund, kein Bruder, keine Schwester, weder Vater noch Mutter waren in der Nähe. Sollten sie mich alle im Leben nicht mehr sehen? Mich packte das Heimweh, und ich weinte. Dann betete ich und überließ mich dem Herrgott. Der beste Priester hätte mich nicht besser auf den Tod vorbereiten können, als meine jetzige trostlose Lage. Ich verzieh allen, die mich hierher hatten bringen lassen.

Zu Mittag brachte man uns ein wenig Hirsebrei. Ich war zu schwach, um zu essen. Nach ein paar Löffeln fiel ich auf die Pritsche zurück. Ich fühlte keinen Hunger mehr. Der Mann neben mir starrte voll Gier auf meine Suppe. So schenkte ich sie ihm. Er hatte die Krise schon überwunden. Ich dachte und träumte alles durcheinander. Da merkte ich, daß ich austreten mußte. Aber während ich noch überlegte, wie ich auf den Abort käme, machte ich schon in die Hose. So lag ich nun im eigenen Kot und konnte niemanden zu Hilfe rufen. Bald vergaß ich mein schmutziges Bett und verlor die Besinnung. Ich kam erst am nächsten Morgen wieder zu mir, als eine Rotkreuzschwester, diesmal war es eine andere, mich nach meinem Befinden fragte. Ich fühlte mich ein wenig besser als am Vortag. Erst als ich meine Portion Kohle gegessen hatte, bemerkte ich, daß zwei Zimmerkollegen fort waren. Ich dachte, sie hätten es überstanden. Obwohl ich vor dem Sterben keine Angst mehr hatte, ja manchmal den Tod sogar herbeiwünschte, hoffte ich doch gleich wieder auf Freiheit und Rückkehr in die Heimat. Die Schwester brachte uns auf mein Bitten hin noch einen Nachttopf. Ich fragte meinen Bettnachbarn, was mit den zwei anderen Kranken geschehen sei. Er berichtete mir, daß sie am Vorabend bei der Zählkontrolle von Häftlingen auf Tragbahren weggebracht worden seien. Er wußte nicht, ob sie noch gelebt hatten, wahrscheinlich nicht mehr. Das einzige jedoch, was die Lebenden von den Toten unterschied, waren das Bewegen der Brust beim Atmen und die oft nach Hilfe suchenden Augen.

Ich dankte Gott, daß ich noch lebte.

An diesem Tag schaffte ich es, mit kleineren Rastpausen, die Suppe zu essen. Einmal ist man voller Leben und Hoffnung, wenig später verzweifelt man wieder. Vom Abnehmen des Zählappells am Abend bis in der Früh konnte man sich erholen, aber auch sterben.

Morgens schickte man uns wieder die junge Rotkreuzschwester. Wahrscheinlich sollte sie bei uns das Blutabnehmen lernen, denn sie verfehlte beim Einstich vier- bis fünfmal. Sie wurde nervös und mußte schließlich die ältere Schwester holen. Wir zitterten jeden Tag vor dieser Blutabnahme. Wir merkten, daß uns die Schwester ja nicht peinigen wollte, vielleicht war sie auch nur von der SS zu dieser Arbeit gezwungen worden. Wir zweifelten, ob sie wohl überhaupt eine Krankenschwester war.

Mit jedem Tag ging es mir jetzt besser. Ich hatte den

Tiefpunkt überstanden. Die Erholung schritt jedoch sehr langsam voran, weil wir außer der Kohle keine Arzneien erhielten.

Ich glaube, wir in den Außenlagern, besonders in den kleineren, hatten es besser als die im Hauptlager. Zu uns kam vielleicht nicht jeder bestialische Befehl, oder er wurde nicht ausgeführt, wenn nicht eine SS-Bestie selbst Lagerchef war. Und da waren wir wohl vom Glück begünstigt, denn unser Lagerchef hatte sich noch etwas Menschliches bewahrt. Wäre ich mit meiner Krätze in Dachau gewesen, so hätte man mich sicher mit einem Krankentransport in die Gaskammern gebracht, ebenso jetzt mit meiner Ruhr. In den kleineren Lagern war man mit solchen Transportwagen nicht ausgerüstet und von den Gaskammern auch zu weit entfernt. Die Ruhr war eine Krankheit, die in den letzten Monaten des Krieges Tausende dahinraffte. Mein Bettnachbar und ich hofften, doch mit dem Leben davonzukommen.

Bei mir stellte sich aber ein weiteres Übel ein. Meine Zehen begannen immer mehr zu schmerzen. Als ich sie einmal genauer untersuchte, bemerkte ich, daß an beiden Füßen einige Zehen vorne blauschwarz waren, also erfroren. An solchen Erfrierungen litten viele von uns. Es war ja kein Wunder, da wir barfuß in äußerst schlechten, löchrigen Schuhen bei zehn bis fünfzehn Grad Kälte den ganzen Tag im Schnee herumgehen mußten. Schon in der Frühe war es alles eher als ein Vergnügen, barfuß in die starrgefrorenen Schuhe zu schlüpfen. Wenn man Glück hatte und die Schuhe ein wenig zu groß waren, konnte man sich einen Stofflappen oder ein Stück Zementsack um die Füße wickeln. Besonders gefragt war für diesen Zweck das Klosettpapier. Es wurde auch meistens zum Wundenverbinden benutzt. Jeder erhielt pro Woche einen Meter davon, zum eigentlichen Zweck wurde es am wenigsten gebraucht. Ich berichtete der Rotkreuzschwester von meinem Fußleiden. Sie brachte mir eine Frostsalbe, mit der ich mich einmal am Tag einreiben sollte. Die Schmerzen wuchsen aber trotzdem. Besonders das Gehen wurde zur Qual.

Hätte mich jetzt jemand von daheim gesehen, hätte er wohl nie geglaubt, daß ich noch lebend aus diesem Lager herauskommen würde. Ich sah wie eine wandelnde Leiche aus. Nur noch Haut und Knochen mit einem schmerzverzerrten Gesicht und mit zwei tief in den Höhlen liegenden Augen gingen mein Kollege und ich – uns an den Wänden haltend – im Gang der Baracke auf und ab. Nach kurzer Zeit krochen wir todmüde wieder unter die Decke. Am sechzehnten Tag nach unser Aufnahme im Revier wurden wir entlassen. Wir hatten uns inzwischen soweit erholt, daß wir stehen konnten, ohne daß uns jemand halten mußte. In viel zu großen Kleidern, die Decke unter dem Arm zusammengerollt, den Eßtopf in der Hand, den Löffel im Hosensack, wackelten wir vom Revier zu unserer Baracke. Wir hatten ein gemischtes Gefühl. Einerseits freuten wir uns, mit den früheren Arbeitskollegen wieder zusammenzukommen, andererseits hatten wir Angst vor dem täglichen Lagerleben mit allem Drum und Dran.

Es war später Nachmittag. Die Arbeitskommandos, die nicht Nachtschicht hatten, rückten ins Lager ein. Im Lager selbst gab es nur noch wenige Arbeiter, nur solche, die für Stollen- und Bergwerksarbeit nicht mehr brauchbar waren. Denen wurde auch ich zugeteilt. Im Lager gab es noch verschiedene kleinere Arbeiten zu verrichten, welche ein Zivilbaumeister leitete. Wir fünf, sechs Männer waren ihm zugeteilt. Zum Glück schien die Sonne, ja, es war richtig warm. Das tat uns sehr wohl, wir freuten uns, daß wir dem Frühling entgegengingen. Im Lager wurden wir auch nicht immer von der Wache beobachtet. Der Zivilarbeiter zeigte selbst wenig Arbeitseifer und gab sich uns gegenüber verständnisvoll. Mir wollte scheinen, daß manche Wachmänner keine Freude mehr zeigten, uns unnötig zu peinigen.

Die Front kam immer näher, und zu unserer Freude gab es jeden Vormittag Fliegeralarm. Er dauerte oft zwei, drei Stunden. Wir durften in einer Baracke ausruhen. Manchmal verzögerte sich der Alarm und somit unser Mittagessen, aber das nahmen wir gerne in Kauf. Die Wachmannschaft wurde stets nervös. Wir sahen die Bomber hoch am Himmel daherfliegen und hörten die Flak. Oft hörten wir auch die Bomben, die auf Nürnberg fielen, da die Stadt ja nicht weit von uns entfernt war. Einige Male am Tag kamen auch die Tiefflieger, die ganz knapp über den Dächern der Baracken hinwegsausten. Wir mußten uns in einer Baracke ganz ruhig verhalten. Der Wachmann schaute ganz vorsichtig durch die Spalte ins Freie. Einmal überraschten uns die Tiefflieger während des Mittagessens. Wir Häftlinge waren gerade mit dem Essen beschäftigt, und die SS-Gruppe stand auf der Lagerstraße. Auf einmal krachte es ganz fürchterlich. Wir hörten noch, wie sich das Flugzeug entfernte. Als wir glaubten, die Luft sei rein, wagten wir uns auf die Straße hinaus. Ein SS-Mann wurde von zwei anderen in die SS-Baracke getragen. Ein SS-Mann war schwer und zwei weitere waren leicht verletzt worden. Wir waren mit dem Schrecken davongekommen. Drei Baracken waren beschädigt worden.

„Ihr dürft Soldat werden“

Ende März zirkulierte das Gerücht, daß wir ausgemustert und an die Front geschickt würden. Und eines Tages mußten wir wirklich auf dem Appellplatz antreten. Vor uns standen die uns bekannten SS-Männer und einige fremde SS-Offiziere. Einer von den letzteren hielt eine kurze Rede, und zwar in einer Tonart, die für uns ganz ungewohnt war. „Da ihr euch bei der Arbeit bewährt habt, will euch der Führer begnadigen, und ihr dürft als Soldaten für den Führer an der Front kämpfen …“

Wir freuten uns darüber, daß man zu uns einmal wie zu Menschen sprach. Wir freuten uns auch, daß es eine Möglichkeit gab, von hier wegzukommen, ganz gleich wohin. Obwohl ich mir in meinem Zustand kaum Hoffnungen machen konnte – ich konnte ja kaum stehen –, wartete ich trotzdem gespannt. Die SS-Männer gingen auf die andere Seite des Platzes, die Aufgerufenen mußten im Laufschritt zu ihnen hinüber. Wer halbwegs gut drüben ankam, blieb dort und war für die Front tauglich.

Mein Arbeitskollege Simon Dorfmann schaffte es verhältnismäßig gut. Ich nahm mir vor, mit letztem Einsatz (von Kraft konnte man wohl kaum noch reden) und starkem Willen schnell auf die andere Seite zu kommen. Aber das Sprichwort „Wo ein Wille, da ein Weg“ ging in diesem Falle nicht in Erfüllung. Der Wille war zwar da, aber der Weg war für mich doch zu schwer. Ich hatte kaum zehn Schritte zurückgelegt, als ich schon spürte, daß meine Beine nicht mehr mitmachten. Auf halber Strecke sank ich zu Boden. Ich wollte mich sofort wieder aufrichten, aber es gelang mir nicht, ich mußte einfach ein wenig ausruhen. Als ich endlich mühsam wieder auf den Beinen stand und weiterlaufen wollte, gab man mir einen Wink und schickte mich zurück. Ich trat traurig zu denen zurück, die es auch mit Aufwand der letzten Kraft nicht geschafft hatten. Bei der Musterung wurde ungefähr ein Drittel der Häftlinge für tauglich befunden. Es waren Personen im Alter von fünfundzwanzig bis vierzig Jahren. Wir Jugendlichen mit zwanzig Jahren und darunter waren am schlechtesten dran. Die Tauglichen verließen uns schon am nächsten Tag. Wir waren die traurigen Hinterbliebenen.

Die Arbeit im Lager war jetzt nicht mehr so hart, wir wurden auch nicht mehr ständig bewacht. Wir taten halt so, als hätten wir etwas zu tun. Das Wetter war schön. Wenn wir nicht so schrecklich hätten hungern müssen, hätten wir uns sogar erholen können. Die Steckrübensuppe wurde immer dünner. Das Stück Brot pro Woche als Zuschlag für uns ganz Jungen blieb jetzt auch aus. Jetzt, wo ich es gerade am nötigsten gehabt hätte.

Die Front rückte immer näher. Wir hörten Tag und Nacht schießen. Es gab immer wieder Fliegeralarm. Die Wachen hörten mit allen Schikanen auf. Wir hofften auf baldige Befreiung. Es blieb aber immer noch die Angst vor dem, was uns vor der Überlassung an den Feind erwarten würde.

Anfang April erfuhren wir, daß wir in Kürze nach Dachau zurücktransportiert würden. Natürlich wären wir gerne an Ort und Stelle geblieben. Vor Dachau hatten wir große Angst, ebenso vor der Hinfahrt unter diesen Umständen. Ohne Angst war ich eigentlich nie, und ich glaube, es ging auch den anderen nicht viel besser. Vom ersten Tag im Konzentrationslager bis zur Befreiung drückte eine schwere Last auf uns.

Zurück nach Dachau

Am Morgen des 4. oder 5. April mußten wir nach dem Frühstück im Hof zum Abmarsch antreten. Mitzunehmen war nur der Eßtopf. Nachdem einige Male abgezählt worden war, marschierten wir los. Die Wachen schienen es sehr eilig zu haben. Immer wieder trieben sie uns an. Ich tat mich mit dem Mitkommen sehr schwer, meine erfrorenen Füße schmerzten sehr. Aber wenn ich überleben wollte, mußte ich durchhalten. Für den Krankentransport war ich zu gesund, man hatte mich ja aus dem Revier entlassen. Als wir vom neuen Lager Habburg herunter zum Hersbrucker Bahnhof kamen, wartete man schon auf uns. Wir wurden noch einmal abgezählt und dann in leerstehende Viehwaggons getrieben. Die Waggons mit je fünfzig Männern wurden fest verriegelt.

Als sich der Zug in Bewegung setzte, versuchte jeder, beim kleinen Fenster hinauszuschauen, um zu sehen, wohin es ging. Ich suchte mir einen Platz auf dem Boden aus, um mich ein wenig auszuruhen. Aber ich mußte bald wieder aufstehen, sonst hätten die Mithäftlinge mich zertrampelt. Schließlich fand ich einen Platz weit weg vom Fenster.

Es wurde Mittag. Auf das Essen hofften wir aber vergeblich. Anstatt dessen kamen Tieflieger. Der Zug hielt an. Von weitem hörte man eine Sirene. Bald donnerten auch Bomber hoch über uns hinweg. Der Zug hielt auf der Bahnlinie in einem unauffälligen Ort. Wir wußten nicht, wie weit wir gefahren waren. Einige von uns wollten austreten, aber sie konnten an die Waggontür klopfen und schlagen, soviel sie wollten, es half alles nichts. Jeder mußte seine Sache dort verrichten, wo er gerade stand. Mit der Zeit sickerte alles durch den Boden durch. Niedersetzen oder hinlegen konnte man sich wegen des Platzmangels nicht. Schließlich schien die Luft wieder rein zu sein, der Zug setzte sich neuerlich in Bewegung. Er kam ziemlich langsam vorwärts. Am späten Nachmittag hielten wir wieder an. Der Reihe nach wurden die Waggontüren aufgemacht. Wir konnten austreten und frische Luft schnappen. Der Zug stand auf freier Strecke, auf der einen Seite durch Sträucher, auf der anderen durch einen Hügel verdeckt. Man mußte vorsichtig sein, denn die Bahnlinien wurden von den Tieffliegern fast pausenlos bombardiert. Es schien noch die Sonne, eine herrlicher Tag für alle, die in Freiheit waren. Als ich hinter einen Waggon ging, sah ich dort einen toten Häftling liegen. Ich schaute genauer und erkannte in dem Mann meinen früheren Arbeitskollegen, den man vor einiger Zeit im Waschraum mit eisigem Wasser abgespritzt und mit der Bürste fast zu Tode geschrubbt hatte und der seitdem von uns nicht mehr gesehen worden war. Wahrscheinlich hatte er bis jetzt im Revier gelegen und war auf dem Transport elend zugrunde gegangen. Nun hatte man ihn einfach aus dem Waggon herausgeworfen. Während ich noch dastand, hörte ich schreien: „Alles in Deckung!“ Ich sah, wie sich einige SS-Männer unter einen Waggon hineinwarfen; ich rettete mich zwischen zwei Waggons, und schon sausten die Flugzeuge über uns hinweg. Wahrscheinlich hatten sie uns nicht oder erst zu spät bemerkt. Wir wurden in die Waggons hineingetrommelt. Aber ehe wir alle drinnen waren, sausten die Flugzeuge wieder heran, machten ganz nahe über uns eine Kurve. Während sie schräg über uns wegbrausten, feuerten sie auf die Wachmannschaft.

Es herrschte ein fürchterlicher Lärm. Die Wachen, die vor unserem Waggon einen Kreis gezogen hatten, warfen sich blitzschnell auf den Boden. Auch das letzte Abteil des Zuges, in dem die Wachen waren, wurde von den Schüssen getroffen. Durch die offene Tür sah ich zwei SS-Männer am Boden liegen. Einer blutete sehr stark am Kopf und wollte sich aufrichten. Der andere wälzte sich am Boden. Anscheinend waren beide schwer verletzt worden. Die SS-Männer beeilten sich, die Türen unserer Abteile wieder zu verriegeln. Nachher erfuhren wir, daß unsere Wachmannschaft den ersten zwei Fliegern nachgeschossen hatte. Diese drehten daraufhin um und flogen zurück, um Rache zu nehmen. Für unsere Wachmannschaft war dies eine gute Lehre. In Zukunft passierte es nie mehr, daß sie mit Gewehren auch noch so niedrig fliegenden Flugzeugen nachschoß.

Als es dunkelte, fuhr der Zug wieder weiter. Vom Schlafen konnte keine Rede sein. Wir konnten weder sitzen noch liegen. Ich war sehr müde, schließlich gelang es mir, in die Hocke zu gehen. Ich hatte große Angst, daß mir schlecht werden könnte. Wer bewußtlos zu Boden sank, hatte kaum eine Chance, wieder aufzukommen und mitgenommen zu werden. Die Toten wären beim nächsten Anhalten aus dem Zug geworfen worden.

Natürlich wollten sich mehrere auf den Boden niederlassen. Es wurde wild hin- und hergeschoben, gemurrt, geflucht und geschimpft. Aber es half alles nichts, der Platz wurde deswegen nicht größer. Da es finster war wie in einem Sack, wußte man auch nicht, wen man neben sich hatte.

Ich mußte noch einmal an meinen Kollegen denken, den man vorher tot oder wenigstens halbtot aus einem

Waggon hinausgeworfen hatte. Er war ein Jahr jünger gewesen als ich, und wir hatten gute Freundschaft geschlossen. Auch er hatte sehr an Heimweh gelitten. Ich hatte ihn schon früher nach seiner grausamen Behandlung im Waschraum für tot gehalten. Ich hätte ihm so gerne ein Wiedersehen mit den Seinen gewünscht, nach denen er sich so gesehnt hatte. Und nun war er nach all den Strapazen des Lagerlebens auf dem Rücktransport nach Dachau wie ein Stück Holz aus dem Zug geworfen worden.
Diese Bilder werden mir unvergeßlich bleiben.
Spät in der Nacht hielt der Zug an. Wir hörten die Lokomotive davonfahren. Man hatte uns offenbar auf ein Nebengeleise gestellt. Dort konnte man stunden- oder tagelang warten. Das hatten wir schon öfter erlebt. Am Morgen kam aber doch eine Lokomotive und fuhr unseren Zug weiter.
Um die Mittagszeit wurden wir kurz vor einer kleinen Ortschaft wieder von einem Fliegeralarm überrascht. Aber der Stopp dauerte nur kurz. Nach der Ortschaft hielt der Zug wieder. Draußen hörte man Männerstimmen. Wir hofften auf ein Essen. Der Hunger plagte uns schrecklich. Wir hatten ja schon seit eineinhalb Tagen nichts mehr zum Essen bekommen. Tatsächlich gingen die Wachen von Waggon zu Waggon und ließen uns heraus. Sie verteilten eine Gulaschsuppe. Es mußte alles sehr schnell gehen. Bald waren wir wieder in unseren Käfigen drinnen. Nach einiger Zeit tönte die Sirene. Als alles wieder still war, hörten wir hoch über uns die Bomber fliegen. Der Alarm wurde abgeblasen, wir blieben aber in der Ortschaft stehen. Da begannen sich einige über Durst zu beklagen. Und schließlich litten alle unter dieser Plage. In unserem Lager war das Essen fast ohne Salz ausgegeben wor-

den. Die Gulaschsuppe, die man uns heute vorgesetzt hatte, war so stark gesalzen und gewürzt gewesen, daß uns schon während des Essens der Hals und der Mund gebrannt hatten. Der Durst wurde fast unerträglich, er übertraf den Hunger an Qual. Das war aber noch nicht genug. Wir bekamen Bauchschmerzen und Stuhldrang. Einige machten einfach in einer Ecke nieder; diese blieb weiterhin der Platz für solche Zwecke. Man kann sich vorstellen, welchen Gestank wir bald drinnen hatten. Für uns wäre es sicher besser gewesen, wenn wir dieses Essen nicht bekommen hätten. Es hat bestimmt manchem von uns das Leben gekostet.

Als es dunkelte, fuhren wir wieder weiter. Der Zug kam nur sehr langsam voran. Wir liefen Gefahr, in Gestank und Dreck ersticken zu müssen. Ich lehnte mich an die Wand und sank bald wieder in die Hocke, so daß ich mich doch etwas ausruhen konnte.

Alle waren natürlich furchtbar müde. Es war jetzt schon die zweite Nacht ohne Schlaf in dem finsteren und stinkenden Waggon. Wir dösten so dahin; Schimpfen und Fluchen hörte man nur noch, wenn jemand im Stehen das Gleichgewicht verlor und über einen anderen fiel. Aber auch diese Nacht ging vorbei. Man rieb sich die Augen, gleichgültig, ob man geschlafen hatte oder nicht, und hoffte, daß man uns endlich einmal herauslassen würde, um etwas frische Luft zu schnappen oder vielleicht gar einen Kaffee zu erhalten. Es schien schon die Sonne, als der Zug tatsächlich anhielt. Die Waggons wurden der Reihe nach aufgemacht. Wir konnten austreten und uns ausstrecken.

Alles mußte natürlich sehr, sehr schnell gehen. Das Einsteigen war für uns sehr beschwerlich geworden. Ich mußte mich auf allen vieren die Stufen hinaufziehen. Viele andere taten sich noch schwerer als ich. Auf den Kaffee hatten wir umsonst gehofft. Nachdem wir wieder eingeschlossen waren, ging es weiter. Nach mehreren Fahrtunterbrechungen kamen wir, geplagt von unerträglichem Hunger und Durst, in Dachau an. Auf die Lokomotive hätte man das Sprüchlein schreiben können: „Ich bin schon wieder da!"

Die Waggons wurden geöffnet. Wir kamen aus dem finsteren Loch ans Tageslicht und an die frische Luft. Aber eine Qual löste die andere ab. Die panische Angst vor dem, was kommen würde, blieb. Bei jedem Wort oder Schrei eines SS-Mannes zitterten wir und sanken innerlich zusammen. Hier im Hauptquartier waren wir der SS ja viel mehr ausgesetzt als in den Außenlagern.

Noch bevor alle ausgestiegen waren, mußten wir in Dreierreihen antreten. Es ging gar nicht so schlecht, ja besser, als ich es mir in unserem Zustand vorgestellt hatte. Wir wurden ein paarmal abgezählt. Mir fiel auf, daß noch ein Mann außer meinem bereits erwähnten Kollegen auf der Fahrt zugrunde gegangen war. Dann hieß es: „Rechts um, im Gleichschritt marsch!" Und wir marschierten wieder durch das Lagertor, durch das ich vor vier Monaten eine Gruppe hatte herausmarschieren sehen. Ich konnte mich noch gut erinnern, wie armselig alle ausgesehen hatten. Jetzt, nach vier Monaten Konzentrationslager, wußte ich warum.

Wir sahen noch erbärmlicher aus, der eine hinkte so, der andere anders, der eine ging schief daher, der andere kam buckelig des Weges. Ich konnte nur mit Mühe mit der Gruppe Schritt halten. Meine erfrorenen Füße schmerzten sehr. Aber ich strengte mich bis aufs äußerste an, um ja nicht aufzufallen. Wir standen eine Weile, dann bekam jeder ein Stück Brot und eine Scheibe Wurst. Während des Essens konnten wir uns im Hof frei bewegen. Ich war einer der letzten, der das Brot erhielt. Während ich aß, kam Toni Königsrainer auf mich zu. Er hatte schon längst alles aufgegessen und bat mich um ein Stück Brot, denn er habe so fürchterlichen Durst. Ich meinte, Brot könne doch nicht gegen Durst helfen. Er bat mich noch einmal um ein kleines Stück. Ich schaute zuerst ihn an und dann mein Brot. Er tat mir wirklich leid, aber ich konnte mich von meinem bißchen Brot nicht trennen. Ich aß es auf mit dem Gedanken, daß er ja das gleiche Stück erhalten hatte wie ich. Ich sehe ihn heute noch traurig und müde vor mir stehen. Aber ich glaube, er hat es mir nicht einmal ganz übel genommen. Kurz danach sah ich ihn etwas aus einem im Hof stehenden Faß herausschöpfen. Ich wollte auch schon zum köstlichen Naß hinkommen. Aber noch früh genug sah ich, wie ein SS-Mann die anderen wegjagte. Als ich nahe am Faß vorbeikam, sah ich, daß es wirklich nur Dreck und Schlamm enthielt. Es wäre höchst gefährlich gewesen, diesen Schlamm zu trinken. Dann wurden wir in die Duschräume geführt. Dort warteten wir mit glühender Sehnsucht auf das Wasser. Als es endlich kam, fingen wir es mit Händen und Mund auf. Dieses Bild werde ich nie vergessen. Das Duschen bedeutete für uns sicher eine große Wohltat, obwohl wir nachher wieder in die schmutzigen Kleider schlüpfen mußten, die wir seit vier Wochen nicht gewechselt hatten, und in deren Falten Läuse und Flöhe haufenweise steckten.

Nachdem wir wieder im Hof angetreten waren, marschierten wir durch den Arresthof auf die am Bunker

links angebaute Baracke zu. Ich freute mich schon, mich am Abend wieder auf einer Pritsche ausstrecken zu können.
Aber diese Freude war nur von kurzer Dauer. Mit Schrecken sahen wir, daß alle Schlafräume heillos überfüllt waren. Die Tische, von denen in jedem Schlafraum einer gestanden hatte, waren auf den Gang gestellt worden.
Als wir uns im Gang aufgestellt hatten, erklärte uns ein SS-Mann, daß dies der Raum für unsere Nachtruhe sei. Niemand dürfe sich Kleider oder Schuhe ausziehen, auch nicht während des Schlafes. Wir mußten also zu jeder Minute marschbereit sein.

Was hatte man mit uns noch vor?

Jeder von uns stellte sich immer und immer wieder diese Frage. Schließlich durften wir uns auf den Boden legen. Ich hatte einen Platz nicht weit vom Waschraum und dem Abort entfernt gefunden. Ich legte mich auf den harten Boden hin, die Mütze unter dem Kopf. Decke besaß ich keine, aber es war zum Glück nicht mehr kalt. Meine erfrorenen Füße schmerzten schrecklich. Als das Licht ausging, zog ich trotz des Verbotes meine Schuhe aus. Es tat so wohl, mit meinen wunden Füßen ohne Verband aus den Schuhen herauszukommen. Unsere Müdigkeit war so groß, daß wir die Läuseplage und andere Schmerzen bald gar nicht mehr merkten. Mit dem Platz, den ich für einen guten gehalten hatte, sollte ich mich aber bitter getäuscht haben. Ich hatte noch nicht lange geschlafen, als ich an meinem Fuß einen fürchterlichen Schmerz spürte. Einer, der auf den Abort ging, hatte mich getreten. Alle, die in dieser Baracke untergebracht waren, mußten an mir vorbeigehen, um in den Waschraum zu gelangen. Ich zog meine Füße ein und hielt sie mit den Händen, damit mir nicht noch einmal das gleiche passierte. Während der ganzen Nacht gingen die Kollegen hin und her.

In der Früh zog ich die Schuhe wieder an. Nach einem schrillen Pfiff wurde Kaffee ausgeteilt. Heute würde man dieses trübe, ein wenig süßliche warme Wasser, das damals für uns eine Köstlichkeit bedeutete, wohl kaum noch Kaffee nennen. Nach dem Antreten im Arresthof marschierte die SS mit einem Großteil der Häftlinge aus dem Lager hinaus. Ich meldete mich

krank und mußte in einen Nebenraum gehen, in dem ein Häftling anstelle eines Arztes Visite machte. Es waren noch etliche, die sich krank gemeldet hatten, darunter auch Toni Königsrainer.
Ich mußte mich bei der Visite auf einen Tisch legen, und der Arzt begann mit einem Instrument, meine eitrigen Zehen abzukratzen. Ich biß fest die Zähne aufeinander, um nicht schreien zu müssen. Schließlich streute er ein weißes Pulver auf die wunden Stellen und verband sie leicht. Er gab mir auch ein Säckchen mit ein wenig von diesem Pulver mit. Damit sollte ich die Zehen jeden Tag bestreuen und wieder verbinden. Ich ging schon wie geheilt aus dem Raum, weil man mich nicht einmal angeschrien hatte, sondern wirklich heilen wollte. Ich wurde als krank anerkannt, mußte aber in die Baracke zurück.
Gegen Mittag ging die Sirene, und wir mußten hinter unserer Baracke in den ungefähr eineinhalb Meter tiefen Wassergraben hinunter. Das Wasser war natürlich abgelassen. Es schien die Sonne, und wir fanden es recht gemütlich. Vor der Bombardierung des Lagers brauchten wir keine Angst zu haben. Und draußen sollte es nur krachen, damit wir möglichst bald befreit würden.
Nach einiger Zeit gab die Sirene das Entwarnungszeichen, und wir mußten in die Baracke zurück. Aber die Rückkehr hatte bei vielen einen Haken, auch bei mir. Ich wollte an der an der Seite des Grabens angelegten Mauer hinaufklettern. Ich versuchte es immer wieder, aber meine Kraft reichte nicht mehr. Jemand, der das beobachtete, kam herbei und half mir. Danach mußten wir zum Essenholen antreten. Es gab die übliche Steckrübensuppe. Mir fiel auf, daß jetzt im Lager ein ganz anderer Wind wehte. Es wurde nicht mehr we-

gen jeder Kleinigkeit geschrien und geschlagen. Alle schienen aufs äußerste gespannt zu sein.
Wir Wehrmachts-Sträflinge waren ja von der großen Masse der übrigen Insassen des Konzentrationslagers getrennt. Zwischen uns lag das große Gebäude mit Küche und Waschraum. Nur wenn wir vom Lager hinaus- oder hereinmarschierten, sahen wir den Appellplatz und die Reihen der vielen Baracken. Unser Appellplatz war der sogenannte Arresthof mit Wirtschaftsgebäude und dem Bunker, in dem ich die ersten Tage in Dachau zugebracht hatte. In diesem Hof wurden vielfach Lagerstrafen, die Auspeitschung und auch die Erschießungen durchgeführt. Wir Kriegsdienstverweigerer oder Fahnenflüchtige trugen auch nicht die gestreiften Häftlingskleider. Dafür waren auf jedes Kleidungsstück die Buchstaben „KZ“ gemalt. Bei der Verurteilung hatten wir alle zehn bis fünfzehn Jahre Haft mit anschließender Frontbewährung erhalten. Wenn wir uns also gut verhielten und noch halbwegs auf den Beinen stehen konnten, durften wir notfalls im letzten Augenblick an die Front geschickt werden. Das hätte in den Augen der SS einen Vorteil für uns bedeuten sollen gegenüber den eigentlichen Häftlingen des Konzentrationslagers. Aber im großen und ganzen gab es da kaum einen Unterschied. Auch von den Unseren wurden viele auf der Stelle erschossen, manche waren zum Tode verurteilt und mußten monatelang mit der Angst, erschossen zu werden, in den Dunkelzellen des Bunkers in Dachau leben. Ich kannte einen solchen Verurteilten, der sechzig Tage auf den Tod gewartete hatte, dann aber kurz vor der Befreiung begnadigt wurde, zu unserem Haufen kam und mit uns natürlich auf baldige Befreiung hoffte.

Todestransporte rollen

Am zweiten Tag nach unserer Rückkehr von Hersbruck erhielten wir am Abend zu zwölft ein Kommißbrot. Es war nicht dasselbe Brot wie vorher, sondern ein rechteckiger, ziemlich schwarzer Brotlaib. Zusätzlich gab es noch für jeden ein kleines Stück Schweinefett. Dieses Abendessen war eine Köstlichkeit, aber leider war es viel zu wenig. Als es zur Nachtruhe kam, suchte ich mir einen anderen Platz zum Schlafen aus. Ich kroch unter den Tisch. So hatte ich Schutz für meine Füße. Die Schuhe nahm ich als Kopfkissen. Das blieb nun mein Schlafplatz bis zur Befreiung. Die Tage und Nächte vergingen ohne größere Ereignisse, und bei Tag saßen wir oft die längste Zeit im Wassergraben. Hoch oben zogen die Bomber durch die Lüfte, viel niedriger die Tiefflieger.
Da traf ich einen Südtiroler, Alois Mantinger, Gufler in Villnöß. Er schien noch halbwegs bei Kräften zu sein. Wir erzählten einander unser Schicksal. Er berichtete mir, daß er bei der Bozner Polizei gewesen sei. Seine Einheit sei in Rom fast aufgerieben worden. Er und noch einige seien mit dem Schrecken davongekommen. Sie hätten nicht mehr recht gewußt, wo sie sich melden sollten und seien einfach heimgefahren. Daheim sei er von den Dorfhäuptlingen abgeschoben und der Polizei übergeben worden. Wegen Entfernung von der Einheit sei er zum Tode verurteilt und nach Dachau gebracht worden. Dort habe er sechzig Tage auf seine Hinrichtung gewartet. So ähnlich erging es einem aus Reinswald, meinem Heimatort. Auch dieser wurde von den Ortsgewaltigen abgeschoben, der Polizei übergeben, nach Danzig ge-

schickt und dort einer Strafkompanie zugeteilt. Dann kam er an die Front. Dort hatte er noch Glück und kam davon. Viel später hörte ich, er sei auf der Flucht vor den Russen an Ruhr gestorben. Aber amtlich bestätigen konnte das niemand. Alois Mantinger half mir jetzt jeden Tag vom Wassergraben herauf. Er war ein zäher Kerl Anfang Dreißig. Wenn man einen Landsmann traf, wurde man immer wieder aufgemuntert. Allein stand man oft am Rande der Verzweiflung und verlor jede Hoffnung.

Jetzt kehrten immer wieder Transporte und Marschkolonnen von den Außenlagern nach Dachau zurück. Überall dort, wo die Front heranrückte, wurden die Lager geräumt und die Häftlinge in das Hauptlager geschickt. Das waren dann richtige Todesmärsche. Tagelang blieben sie ohne Essen und wurden von der Wache zu höchster Eile getrieben. Wer nicht mitkam, wurde erschossen oder erschlagen. Wie man uns später erzählte, kamen bei manchen solcher Rückmärsche nur wenige ans Ziel. Noch schlechter erging es denen, welche mit dem Zug transportiert wurden. Diese Transporte waren acht bis vierzehn Tage ohne Essen unterwegs. Die Leute waren eingesperrt, ohne je an die frische Luft zu gelangen. Von diesen Häftlingen kam oft nur mehr die Hälfte lebend in Dachau an. Die Waggons mit ihren Sterbenden und Toten boten ein Bild des Grauens. Wer das überlebte, mußte wohl an ein Wunder glauben.

Eines Tages kam eine Marschkolonne aus Moosbach. Trotz des drei Wochen langen Marsches waren die Häftlinge in verhältnismäßig guter Verfassung. Ich saß vor unserer Baracke im Arresthof. Es schien die Sonne, ein Großteil der Häftlinge war ausgerückt, ich war dabei, meine wunden Füße zu verbinden.

Da kamen zwei junge Burschen auf mich zu, blieben vor mir stehen und redeten mich auf deutsch an. Sie fragten, woher ich käme. Ich konnte an ihren Gesichtern ablesen, wie überrascht sie waren, einen Sarner anzutreffen. Noch mehr freute es mich natürlich, wieder mehr Landsleute in meiner Nähe zu haben. Es waren die zwei Brüder Erich und Karl Pichler von der Nesslgrube in St. Leonhard in Passeier. Sie hatte dasselbe Los getroffen wie mich. Statt einzurücken waren sie geflüchtet. Später hatten sie sich der Polizei gestellt, weil man gedroht hatte, die Eltern und alle Verwandten zu verhaften. So waren sie nach einigen Wochen Gefängnis nach Dachau und von dort ins Außenlager Moosbach gebracht worden. Jetzt waren sie nach dreiwöchigem Marsch nach Dachau zurückgekehrt. Wir trafen uns öfter. Beide waren auch noch sehr jung, neunzehn und zwanzig Jahre alt, sehr mager und am Ende ihrer Kräfte. Wir hatten alle Angst, daß man uns im letzten Moment vor der Befreiung noch alle umbringen würde. Je näher es dem Ende zuging, desto mehr nagte diese Sorge in unserem Herzen.
Von irgend jemand erfuhr ich, daß Toni Königsrainer ins Revier gebracht worden war. Ich besuchte ihn. Er war gar nicht so schlecht beinander, und auch er selbst meinte, er würde bald entlassen werden. Aber es war das letzte Mal, daß ich ihn sah. Als ich ihn ein paar Tage später noch einmal besuchen wollte, war er nicht mehr anwesend. Ich glaubte zunächst, er sei entlassen worden, aber ich konnte ihn nirgends mehr finden. In den letzten Tagen vor der Befreiung hatte ihn auch sonst niemand mehr gesehen. Vielleicht hatte ihn der Typhus befallen, der in der letzten Zeit in Dachau wütete, oder er war einfach an Hunger und Schwäche eingegangen.

Am Tag der Befreiung

Man hörte jetzt Tag und Nacht den Lärm von der Front, welche immer näher rückte. In der Nacht sah man ununterbrochen die Explosionen der Granaten. Schlafen konnte man sowieso wenig.
Meine Knochen schmerzten, da ich jetzt schon über zwei Wochen auf dem harten Boden gelegen hatte. Ich wußte bald nicht mehr, wie ich mich drehen sollte. Immer wieder sausten Tiefflieger über uns hinweg.
Eines Morgens wurden alle, die irgendwie gehfähig waren, eingekleidet und an die Front geschickt. Es blieben nur noch wenige von uns zurück: die zwei Passeirer Erich und Karl Pichler, einige Italiener und ich. Wir wußten nicht, was dieses Vorgehen bedeuten sollte. Sollten wirklich Leute ohne Ausbildung und ohne Waffen so einfach an die Front geschickt werden? Oder wollte man doch noch die Besten heraussuchen und uns armselige Gestalten, die kaum Chancen zum Überleben hatten, am Ende abknallen?
Die SS kümmerten sich nicht mehr um uns. Man sah kaum noch jemanden von ihnen. Wir erhielten unser Essen wie üblich; tagsüber hockten oder lehnten wir in unseren Baracken herum.
Mit Freude, aber auch mit ein wenig Angst im Herzen, warteten wir auf die Befreiung. Nun fand schon seit zwei Tagen kein Zählappell mehr statt. Diese Appelle hatten zu den gefürchtetsten Tagesordnungspunkten gehört, von denen so mancher nur noch tot weggetragen worden war.

In der Nacht döste ich so vor mich hin. Ich erinnerte mich an die ersten Tage im Lager, dachte an die vergangenen Tage und Wochen. Ich ließ das Geschehen noch einmal in meinem Geist vorüberziehen. Ich dachte, wenn es jetzt noch gut ginge und ich mit dem Leben davonkäme, könnte alles andere nicht mehr so schlimm werden. Ich betete besonders um den Frieden und um eine glückliche Heimkehr meiner vier Brüder, die im Kriege standen, für meinen geflüchteten Bruder, für meine Eltern und auch für mich selber. Bis zu unserer Befreiung konnte es nur noch Stunden dauern.

Am frühen Morgen hörten die Schüsse auf. Und ich schlief ein. Als ich aufwachte, schien die Sonne zum Fenster herein. Der Tag begann schön und friedlich, er überdeckte alle dunklen und schweren Tage der Vergangenheit. Zum Frühstück erhielten wir sogar Milchkaffee. Unsere Freude und Hoffnung steigerten sich immer weiter. Es sollte für mich der schönste, aber auch der schrecklichste Tag meines Leben werden.

Nach dem Frühstück schlenderten wir durch den Arresthof. Da sich kein SS-Mann sehen ließ, gingen wir weiter in Richtung Lagertor. Niemand störte uns auf unserem Weg. Wir gingen in die Effektenkammer, um unsere Zivilkleider zu suchen. Es war ein großer Raum, und an der Decke hingen in peinlicher Ordnung die nach dem Alphabet eingeteilten Säcke. Daher fand ich auch bald meine Kleider. Ich packte sie aus, sie stanken fürchterlich. Das war ja kein Wunder, denn sie waren vom Körper weg in den fast luftdichten Sack gekommen. Während ich so herumkramte, fiel mir der Rosenkranz ein, den ich, um ihn zu retten, in ein zerrissenes Ärmelloch gesteckt hatte. Ich fand ihn auch gleich. Ich wollte meine Bergschuhe wieder anziehen, aber sie waren so geschrumpft, daß ich mit

meinen angeschwollenen Füßen unmöglich hineinschlüpfen konnte. Ich packte meine Zivilkleider in einen Koffer, den ich da liegen sah.
So gingen wir mit unseren Sachen zum Lagertor, wo wir uns unserer Freiheit vergewissern wollten. Das Tor war offen. Wir zögerten natürlich nicht lange und gingen hinaus, ohne zu wissen, was wir eigentlich wollten. Wir gelangten jetzt ins SS-Lager, wo wir früher bei Gott nichts zu suchen gehabt hatten. Wir gingen auf die SS-Küche zu in der Hoffnung, etwas Eßbares zu finden. Leider war unsere Hoffnung umsonst. Alle Töpfe waren leer, wir fanden nicht einmal ein Stück Brot. Wir schritten wieder auf den Platz hinaus und waren jetzt fast sicher, daß wir wirklich frei waren. Wir hätten vor Freude Luftsprünge machen können.
Ich kam mir vor wie ein kleines Kind, das noch nicht sicher auf den Füßen steht und leicht umpurzelt. Da ich so schwach war, konnte ich keine Luftsprünge machen, war aber zu jedem Spaß bereit. Von diesem Augenblick an vergaß ich alles, was zuvor geschehen war. Man muß erlebt haben, was wir mitgemacht hatten, um zu verstehen, was uns jetzt die Freiheit bedeutete.
Wir schlenderten im SS-Revier herum, schauten bald da, bald dort in eine Baracke, aber was wir eigentlich suchten, etwas Eßbares – fanden wir nicht. Man sah hin und wieder einen SS-Mann aus einem Barakkenfenster herausschauen, aber keiner kümmerte sich um uns. Wir gingen ins Kleidermagazin und stöberten dort eine Weile herum. Da hörten wir ein paar Schüsse. Als wir vorsichtig beim Fenster hinausschauten, sahen wir, wie sich ein SS-Mann auf dem Boden hinter der Baracke wälzte, dann aufsprang und ver-

schwand. Auf der anderen Seite schlichen zwei Amerikaner durch den Föhrenwald, von einem Baum zum anderen, zu uns vor. Sie verschwanden hinter einer SS-Baracke, und wir stöberten im Magazin weiter. Wir packten einige Sachen zusammen, um sie mit heim zu nehmen. Und dann fiel jemandem ein, unsere verlausten Hemden gegen solche, die wir hier fanden, auszutauschen. Gesagt, getan. Wir trugen diese schmutzigen Hemden voller Ungeziefer nun ja schon bald zwei Monate lang. Während wir da herumhantierten, wurde plötzlich die Tür aufgerissen, und es traten zwei Amerikaner mit den Maschinengewehren im Anschlag ein. Wir lachten ihnen entgegen, sie waren ja doch unsere Befreier. Einer von den beiden forderte uns auf, mit ihnen zu gehen. Wir wollten unsere gepackten Sachen mitnehmen, aber er bedeutete uns, wir könnten sie später holen. Wir sollten nur kurz mit ihnen gehen. So folgten wir ihnen einfach so, wie wir waren, ohne Jacke, nur mit Schuhen, Hose und mit dem gewechselten sauberen Hemd. Es schien die Sonne, es war ein schönes Frühlingswetter.

So stapften wir mit den Männern an etlichen Baracken und Häusern vorbei und kamen zu einem großen Tor. Im Hof drinnen lag eine Menge erschossener SS-Männer. Einer lebte noch und wollte sich aufrichten. Aber man streckte ihn mit ein paar Schüssen endgültig nieder. Im Vorbeigehen meinten wir unter uns, es geschehe ihnen ganz recht, dies sei die gerechte Strafe für sie.

Da befahl man uns stillzustehen und stellte uns nicht weit von den SS-Männern mit dem Gesicht an eine Mauer. Die Hände mußten wir über dem Kopf zusammenhalten. Da lief es mir eiskalt über den Rücken. Man hatte uns ja nicht im Häftlingslager aufgestöbert,

sondern im SS-Lager, in dem sie vorher die SS-Männer gefangen und dann im Hof erschossen hatten. Noch dazu trugen mehrere von uns die vorher ausgetauschten neuen SS-Hemden. So war es möglich, daß wir irrtümlicherweise als SS-Männer an die Mauer gestellt worden waren.
Mir wurde einmal heiß, einmal kalt. Ich sah in Gedanken schon, wie die Männer hinter uns die Gewehre auf uns richteten. Es würde wohl nur noch Sekunden dauern, bis sie auch uns niederstreckten. Ich betete, ich wollte jetzt wirklich nicht sterben.
Am Vormittag die große Freude über die erlangte Freiheit und die Hoffnung auf eine rasche Heimkehr, und jetzt am Nachmittag die Angst, erschossen zu werden. Das war einfach zuviel auf einmal. Ich weinte, betete, alle möglichen Gedanken gingen mir durch den Kopf. Es konnte ja jeden Augenblick krachen. Die Angst, die ich damals spürte, bleibt mir unvergeßlich. Neben mir standen die zwei Passeirer, Erich und Karl Pichler, und einige Italiener. Ich weiß nicht, wie lange wir da standen. Mir kam es jedenfalls unendlich lang vor. Hinter uns hörten wir die Stimmen. Dann durften wir die Hände herabnehmen und uns umdrehen. Ich sah ein paar amerikanische Offiziere und einige Soldaten mit Maschinenpistolen in den Händen. Sicherlich hatten sie vorher alle über unser Schicksal diskutiert und waren dann doch auf den Gedanken gekommen, daß wir keine SS-Leute, sondern zu früh aus dem Lager entkommene Häftlinge waren. Man trieb uns vom SS-Lager hinaus, und wir trotteten auf der Straße dahin. Ich war wie geschlagen und zitterte am ganzen Körper, denn ich konnte es noch nicht glauben, daß wir mit dem Leben davongekommen waren. Außerhalb des Lagers wurden wir in ein grö-

ßeres Gebäude geführt, wo wir mehrere gefangene Soldaten trafen. Die Soldaten, die noch einen Rucksack hatten, mußten alles auspacken, sie mußten alle Lebensmittel, die Konserven und das Brot abgeben. Ich stand neben einem Soldaten und sah in seinem Rucksack einen großen Laib Brot. Ich brachte meine Augen nicht mehr davon weg, denn ich hatte so schrecklichen Hunger, und ich bat den Soldaten um ein Stück. Er zögerte eine Weile, aber weil ich nicht nachließ, schenkte er mir ein kleines Stück. Dann mußten wir durch eine Kontrolle, und ich sah, daß man dem Soldaten das ganze Brot abnahm. Mich schaute die Kontrolle verwundert an, da ich weder Mantel noch Mütze noch Jacke hatte, und wahrscheinlich fiel ihnen auch mein blasses, abgemagertes Gesicht auf. Wir mußten in ein großes Gebäude hineingehen. Der Raum sah aus wie ein Theatersaal ohne Bänke und Stühle, vorne war eine große Holzbühne. Es mögen etwa hundert bis hundertfünfzig Gefangene dagewesen sein. Uns Häftlinge des Konzentrationslagers hatte man einfach zu den gefangenen Soldaten gebracht.

Es ging gegen Abend zu, und alle hatten Hunger, aber man sagte uns, wir würden erst am nächsten Mittag das Essen bekommen, das man den Soldaten abgenommen hatte. Viele murrten und fluchten, aber das half alles nichts. Wir Lagerhäftlinge hatten schon öfter zwei bis drei Tage ohne Essen aushalten müssen und waren auch nicht gestorben.

Als ich wußte, daß es kein Abendessen geben würde, suchte ich mir einen Platz zum Liegen. Ich ging auf die Holzbühne, zog die Schuhe aus und legte mich an die Wand. Ich war sehr müde und niedergeschlagen und wollte schlafen.

Aber jetzt meldeten sich wieder meine wunden Füße, und alle Knochen taten mir weh. Heute hatte ich nicht einmal eine Jacke oder einen Mantel bei mir, sondern nur Hemd und Hose. Die Schuhe legte ich unter den Kopf, und die Füße rückte ich an die Wand, damit mir niemand darauftreten konnte. Trotz der Müdigkeit konnte ich nicht so schnell einschlafen. Der Tag war zu aufregend gewesen. Am Vormittag die unendlich große Freude, frei zu sein, am Nachmittag die traurige Überraschung, an die Mauer gestellt zu werden. In unseren SS-Hemden hatten uns die Amerikaner wahrscheinlich als Häftlinge des Konzentrationslagers nur deswegen erkannt, weil wir ihnen gegenüber ein ganz besonders fröhliches Benehmen an den Tag gelegt hatten. Auch unser erbärmliches Aussehen dürfte den Amerikanern zu denken gegeben haben.
Weil wir verschiedene Kleider trugen, hatte man uns nicht mehr ins Lager, sondern zu den gefangenen Soldaten geschickt. Es herrschte eine unruhige und gemischte Stimmung im Raum. Die einen freuten sich, heil von der Front davongekommen zu sein, die anderen beklagten sich über die Gefangenschaft. Ich war froh, wieder einmal mit dem Leben davongekommen zu sein. Für mich waren die letzten Stunden sozusagen die letzte Station des Leidensweges im Konzentrationslager gewesen.
Nicht weit von uns entfernt wurde noch hart gekämpft. Es krachte und donnerte andauernd. Als es dunkel wurde, sah man das Blitzen und Leuchten der Geschosse. Es dauerte noch drei Tage, bis alles verstummte. Ich fühlte mich irgendwie von der Schrekkensherrschaft befreit, war aber immer noch – und schon wieder – ein Gefangener, und meine Leidenszeit sollte noch andauern.

Die Nacht verging mit vielen Sorgen im Kopf wegen der kommenden Tage. Man soll sich, wie der Vormittag gezeigt hatte, eben nie zu früh freuen.
Am nächsten Tag war wieder herrliches Wetter. Die Sonne schien beim Fenster herein und munterte uns ein wenig auf. Doch eine Plage nagte an uns allen: der Riesenhunger. Die Soldaten, die vielleicht am Vortag noch genug gegessen hatten, beklagten sich sehr; wir aber, die wir schon monatelang gehungert hatten und nur noch Haut und Knochen waren, ergaben uns eher dem Schicksal. Es kamen immer wieder neue Gefangene zu uns. Es ging auf Mittag zu, und alle warteten wir hart auf das versprochene Essen; aber man sagte uns statt dessen, am nächsten Tag bekämen wir zu essen. Also noch einen Tag ohne Essen! Man schimpfte und fluchte über die schlechte Organisation. Ich ergab mich ganz; im Konzentrationslager hatten wir nicht aufbegehren dürfen, und hier nützte es auch nichts. Ich betete immer wieder, und besonders wenn mir die Situation trostlos erschien, bekam ich durch das Gebet wieder neue Hoffnung.

Sechs Tage hungern

Ich saß an die Wand gelehnt da und beschäftigte mich mit meinen wunden Zehen. An einem Fuß waren sie seit der Behandlung ein wenig geheilt, aber am anderen schaute es schlecht aus. Ich konnte wohl neu verbinden, aber das half nichts, denn ich hatte weder eine Salbe noch sonst etwas daraufzutun. Ich drehte den Verband um oder rückte ihn weiter, bis er mit der Zeit vollständig mit Eiter und Blut bedeckt war. Es gab kein Wasser zum Waschen, die Schuhe waren innen voll Schmutz, weil ich manchmal beim Gehen blutete. Es war für mich eine große Plage, ohne Sokken in die harten, verschmutzten Schuhe hineinzuschlüpfen.

Ich lehnte an der Wand halb schlafend, halb wach. Von der Front hörte man ein Krachen und Donnern. Vor München wurde hart gekämpft; die Deutschen wollten immer noch nicht aufgeben. Neben mir stand ein älterer Mann in einer braunen Uniform. Er hatte mich wohl schon längere Zeit beobachtet und mein Elend gesehen. Er rüttelte mich an der Schulter und beugte sich zu mir herab, um mich zu fragen, ob ich wirklich ohne Jacke, Mantel und Decke sei. Ich bejahte und wandte mich von ihm ab, denn ich wollte in meiner Müdigkeit nicht gestört werden.

Ich hockte da, mit dem Rücken an die Wand gelehnt, die Beine angezogen, die Knie mit den Armen umschlungen und den Kopf vorgebeugt. So hoffte ich, schlafen zu können. Aber der Mann ließ mir keine Ruhe. Er rüttelte mich wieder, und ich schaute verstört zu ihm auf. Er hielt mir einen Mantel hin und sagte, den schenke er mir, er habe noch einen für sich selbst.

Ich nahm den Mantel dankbar entgegen, war überrascht und freute mich, daß sich jemand meiner erbarmt hatte. Ohne diesen Mantel hätte ich die nächsten Tage sicher nicht überlebt. Der Mann entfernte sich von mir, tauchte unter den Gefangenen unter, und ich sah ihn nicht mehr wieder. Ich nahm den Mantel über und döste dahin.
Es verging Stunde um Stunde, man brachte immer wieder neue Gefangene, und wir hatten es jetzt ziemlich eng im Raum. In dieser Nacht war es etwas ruhiger. Die Front war ein Stück weggerückt und störte uns nicht mehr. Ich hatte mir den Mantel angezogen. Er war so groß, daß ich ihn zweimal herumwickeln konnte, und ich schlief verhältnismäßig gut.
Am Morgen rieben wir uns ein wenig die Augen, denn zum Waschen gab es nichts. Das Wetter war nebelig und trüb, und auch die Stimmung in unserem Raum war trüb und niedergeschlagen. Der Hunger plagte uns sehr, alle sprachen nur noch vom Essen und warteten auf das versprochene Mittagessen. Viele murrten und klagten wieder. Ich betete statt dessen ein wenig und bekam wieder neue Hoffnung.
Während wir so sehnsüchtig auf das Essen warteten, kam zu unserem Schrecken der Befehl, alles zum Abmarsch zu packen.
Ich hatte nichts zu packen, war aber doch der letzte, der zum Tor hinausging. Es waren ungefähr dreihundert Gefangene. Für viele von uns war es der dritte Tag ohne Essen.
Wir marschierten eine Weile über eine Straße. Ich hatte große Mühe mitzukommen. Meine Kräfte verließen mich langsam, was auch kein Wunder war, noch dazu schmerzten meine wunden Füße. Von den

Amerikanern wurden wir immer mehr angetrieben. Nach einer Weile kamen wir auf eine Wiese, irgendwo zwischen Dachau und München, auf der schon Hunderte von Gefangenen standen, und zu denen immer mehr dazukamen. Um die Wiese war in Form eines Kreises ein Drahtverhau gezogen, und es wurden Maschinengewehre aufgestellt, um eine Flucht zu verhindern.
Es begann, leicht zu regnen, und es war eher kühl. Bei den Neuangekommenen suchte man nach Bekannten oder man versuchte ein Stück Brot zu erbetteln.
Es wurde Abend. Manche stellten ein Zelt auf und krochen hinein. Vielfach sah man Gruppen von Menschen, die sich Zeltplanen über die Köpfe hielten, um sich vor dem Regen zu schützen. Ich merkte nun, wie wertvoll der geschenkte Mantel war; ohne ihn wäre mir der Tod sicher gewesen. Wir trotteten langsam im Lager herum, um nicht zu erfrieren.
Um uns herum leuchteten überall Scheinwerfer, und doch versuchten einige zu fliehen. Spät in der Nacht hörte man Maschinengewehrsalven. Gefangene hatten an einer etwas dunkleren Stelle den Drahtverhau durchgeschnitten, und eine Menge von ihnen war geflüchtet. Als dies die amerikanischen Wachtposten sahen, schossen sie auf die Flüchtenden. Manchen gelang die Flucht, andere wurden verwundet und einige auch getötet. Ans Flüchten konnte ich überhaupt nicht denken; dazu war ich viel zu schwach.
Am frühen Morgen begann es zu schneien, der Boden war kalt und naß. Man konnte sich weder hinlegen noch -setzen. Ich war sehr müde und ging manchmal in die Hocke. So saß ich eine Weile auf meinen Fersen, bis ich einschlief, das Gleichgewicht verlor

und umfiel. Ich glaube, manchmal schlief ich vor lauter Müdigkeit minutenlang im Stehen.
Wie üblich dachte ich ans Essen. Warmen Tee oder Kaffee hätten wir wirklich nötig gehabt. Aber es war aussichtslos. Wir wurden immer auf den nächsten Tag vertröstet. Und dies war der vierte Tag, an dem wir nichts zu essen bekamen. Es wurde, abgesehen von der Angst vor dem Vernichtetwerden, schlimmer als im Konzentrationslager. Dazu kam noch das schlechte Wetter. Der durch den Regen naß und schwer gewordene Mantel wurde mir zur Last, und doch brauchte ich ihn, um mich vor Kälte und Regen zu schützen.
Es regnete mehr oder weniger den ganzen Tag. Gegen Abend fing es wieder leicht zu schneien an. Im Lager wurde es immer unruhiger, und immer wieder versuchten einige, in der Dunkelheit auszubrechen. Ob man so oder so zugrunde ging, war dasselbe. Manchem mag die Flucht gelungen sein, aber es blieben auch immer Verwundete und Tote zurück, weil die Amerikaner einfach in die Menge hineinschossen. Die meisten waren bis auf die Haut durchnäßt, und ein unbeschreiblicher Hunger quälte uns alle.
Ich hatte Angst vor der Nacht. Hinlegen konnte ich mich nicht. Der Boden war voller Pfützen und die Erde von den vielen Gefangenen zu Brei zertrampelt. „Wie werde ich diese Nacht überleben? Werde ich sie überhaupt überleben? Vielleicht liege ich in der Früh zusammengekauert irgendwo tot am Boden."
Diese Gedanken gingen mir immer wieder durch den Kopf. Dann zwang ich mich wieder zum Durchhalten, und es fielen mir wieder die tröstenden Worte des Lagerchefs von Hersbruck ein, der mich zum Durchhalten ermutigt hatte, um wieder ins schöne Südtirol und zu meinen Lieben daheim gelangen zu können.

Während ich um eine glückliche Heimkehr betete, rollten mir wieder ein paar Tränen ins Gesicht. Ich ließ ihnen freien Lauf, denn ich schämte mich nicht, in meinem Elend zu weinen.
In der Nacht schlief ich ein wenig in der Hocke, mußte dann jedoch immer wieder herumgehen, um mich zu erwärmen.
Bis in den späten Vormittag des nächsten Tages hofften wir auf Tee oder Kaffee. Dann schwand unser Hoffen. Wir erfuhren aber, daß im Lager irgendwo Wasser zu bekommen sei. Es herrschte jedoch so ein Gedränge, daß nur die Kräftigeren ans Wasser herankamen. Unsereinen hätte man zertrampelt.
Es hatte aufgehört zu regnen und zu schneien, doch es war noch nebelig und ziemlich kühl. Es war der fünfte Tag ohne Essen, und ich glaubte nicht mehr daran, etwas zu bekommen. Mich verließ langsam der Mut und die Kraft weiterzuleben. Meine Freunde, die mir immer Mut gemacht hatten, waren irgendwo im Gedränge. Ich gab auf, war müde und wollte nur noch schlafen. Daneben waren wieder die Gedanken, um mir Hoffnung zu geben. Mit dem Herrgott hatte ich, wie ich meinte, längst alles in Ordnung gebracht. Ich ergab mich nun ganz seinem Willen.
Ich ließ mich langsam auf dem nassen und schmutzigen Boden nieder, und mir kam vor, ich würde einschlafen und nie mehr aufwachen, und mein unbeschreibliches Elend habe ein Ende.
Ich hatte mich eine Weile mit diesen Gedanken beschäftigt, als mich jemand an der Schulter rüttelte und zu mir sagte: „Hoi, Sarner, steh auf!“ Es waren die Passeirer Brüder Pichler, die mich zufällig da liegen gesehen und sofort erkannt hatten. Sie meinten, ich solle mich zusammennehmen und aufstehen, denn

hier am Boden ginge ich zugrunde. Man würde uns schon nicht verhungern lassen.
Ich glaubte ihnen nicht, aber die beiden gaben nicht nach und halfen mir beim Aufstehen. Sie sagten, wir müßten nur noch kurz durchhalten, um wieder heimzukommen.
Das Wort „Heimkommen" ließ mich wieder hoffen, und ich vertraute noch einmal meinen Kollegen. Diese ließen mich nicht mehr aus den Augen, sonst hätte ich vielleicht abermals aufgegeben. Meine Kollegen waren für mich in diesem Moment wirkliche Schutzengel. Meine Kräfte hätten da nicht mehr ausgereicht. Immer habe ich an Hilfe durch das Gebet geglaubt, und so hoffte ich auch dieses Mal, durch das Gebet meiner Lieben daheim und von uns selbst und mit Hilfe der Kollegen von hier noch wegzukommen.
Das Wetter hatte sich gebessert, und es schien sogar teilweise die Sonne. Das half auch nicht, uns aufzuheitern. Der Boden trocknete bald ein wenig, so daß man sich hinsetzen oder -legen konnte. Am Abend waren wir immer noch ohne Essen, aber von der verantwortlichen Stelle wurde uns versichert, daß es am nächsten Tag bestimmt klappen würde.
Die Nacht war kühl, die Gefangenen standen gruppenweise zusammen. Manche breiteten die Zeltplane auf dem Boden aus und legten sich darauf, andere hockten sich Rücken an Rücken, um sich so gegenseitig Halt zu geben. Ich legte mich einfach mit dem Mantel auf den Boden und stülpte den Kragen hoch, damit ich nicht mit dem Kopf auf der bloßen Erde liegen mußte. So schlief ich bald ein, wachte aber immer wieder auf. Jetzt hatte ich Angst davor, nicht mehr aufzuwachen. Die Passeirer hielten sich sitzend

oder stehend in meiner Nähe auf; so verging auch diese Nacht. Es wurde früh hell, und es schien ein schöner Tag zu werden. Unsere Gedanken waren schon wieder beim Essen.

Essen

Am späten Vormittag brach großer Jubel los. Wir sahen, wie die Amerikaner außerhalb unseres Lagers an mehreren Stellen von großen Lastwagen eine Menge Kartons mit Konserven abluden. Es dauerte aber noch Stunden, bis es zur Verteilung kam. Man muß sich die Vorfreude vorstellen! Für viele war es der sechste Tag ohne Essen. Alle schauten zu den Kartons hin, und in Gedanken aßen wir schon.

Ich hatte nur eine Sorge: Immer wieder drängten sich die Kräftigsten nach vorne, und ich dachte, es könnte mir so ergehen wie beim Wasserholen, als ich mich nicht hinwagte, um nicht zertrampelt zu werden. Aber hier ging es, Gott sei Dank, gerecht zu. Hinter jedem Karton standen in langen Reihen viele Gefangene, dann ging es los. Jeder einzelne mußte an der Verpflegungsstelle vorbei, und im Laufen wurden ihm von zwei Amerikanern zwei Konservendosen zugeworfen. Es ging ziemlich schnell, doch ist stand ganz hinten und mußte lange warten, bis ich an die Reihe kam. Ich schaute voller Sorge auf die Verpflegungsstelle hin, denn ich hatte Angst, daß es nicht reichen würde. Endlich war auch ich dran. Ich konnte nicht laufen, nahm mich aber zusammen, schnell vorbeizukommen und die Dosen aufzufangen, die man mir zuwarf. Es waren ganz kleine Dosen; die eine war schwer, die andere ganz leicht.

Ich suchte mir einen Platz und setzte mich im Schneidersitz hin. Als ich die Dosen öffnete, hörte und sah ich ringsherum nichts mehr. In der einen Dose waren Fisolen in Öl, in der anderen drei Kekse, eine kleine Schokolade und vier Zuckerlen. Bevor ich zum Essen

kam, brach ich in Tränen aus. Solche Köstlichkeiten hatte ich schon lange nicht mehr gesehen. Nach monatelangem Hungern und den letzten sechs Tagen ohne Essen, ohne Wasser, begann ich zu essen. Dabei rannen mir ununterbrochen die Tränen über das Gesicht, und so aß ich manche Träne mit. Ein weiser Spruch sagt, man müsse das Brot einmal mit Tränen vermischt gegessen haben, um erst seinen Wert ganz zu erkennen. Ich wünsche das bestimmt niemandem, aber manche Menschen dürften ruhig ein wenig mehr Ehrfurcht vor dem Brot haben.
Diese Mahlzeit, wenn auch viel zu karg, werde ich – neben so manch anderer – wohl nie mehr in meinem Leben vergessen. Ich bekam neue Hoffnung. In diesem Moment vergaß ich wieder alles Traurige von früher und dankte Gott, daß er mich diese schweren Tage hatte überleben lassen.
Ich saß lange da, und dann begann ich mich wieder für das zu interessieren, was um mich herum vor sich ging. Nicht weit weg von mir sah ich meine Passeirer Kollegen, und es war ein Trost, nicht allein zu sein. Ich glaube, sie hatten mich vorher beim Essen beobachtet und mich nicht stören wollen. Als sie sahen, daß ich suchend herumschaute, kamen sie auf mich zu. Wir unterhielten uns eine Weile über das gute Essen und meinten, daß es so schon wieder aufwärts gehen würde. Sie wußten dann auch, daß man am nächsten Tag anfangen würde, uns in ein anderes Lager zu überführen. In dieser Nacht schlief ich verhältnismäßig gut. Ich fror zwar ein wenig, denn durch das schlechte Wetter am Vortag waren meine Kleider noch ein wenig naß. Ich freute mich auf die Sonne am nächsten Tag.
Tatsächlich fing man an, mit Lastwagen Gefangene

wegzufahren. Mir kam vor, als würden die Gefangenen nach ihrer Nationalität sortiert. Gegen Mittag hatte man schon viele Gefangene weggebracht.
Ich sah, daß einige außerhalb des Lagers auf ein kleines Häuschen zugingen und dachte mir gleich, daß es da etwas zu essen geben müsse. Ich schleppte mich dann auch hin. Es wurde ein köstlicher Haferbrei ausgeteilt. Ich kam nach kurzer Zeit dran, und jemand lieh mir sein Eßgeschirr. Vor mir sah ich einen großen Kochtopf – noch halb voll mit Brei. Mir kam vor, ich hätte alles allein aufessen können. Ich bekam eine tolle Portion. Es schmeckte vorzüglich. Der Brei war süß und ziemlich dick, fast wie ein Mus. Für uns war es das richtige: leicht verdaulich und doch kräftigend. Ich war einer der letzten beim Wegfahren. Ein paar Kollegen zogen mich auf den Lastwagen, wo wir so eng zusammengepfercht waren, daß man unmöglich hätte umfallen können. An irgendeinem Platz wurden wir dann wieder abgeladen, kamen zu den anderen Gefangenen hinzu, mußten dann aber wieder weiterziehen und kamen so über Heilbronn bis an die französische Grenze. Wir trafen dabei wieder die anderen Kollegen aus dem Konzentrationslager, die man am 25. April an die Front hatte schicken wollen. Wie sie erzählten, waren sie nicht weit gekommen. Man hatte sie wohl eingekleidet, aber Waffen hatten sie nicht erhalten. Manche von ihnen waren geflohen, so zum Beispiel Luis Mantinger aus Villnöß, und wahrscheinlich auch mein früherer italienischer Arbeitskollege Giovanni Filz aus Trient, von dem ich nie mehr etwas gehört habe.
Die Lager, in denen wir untergebracht wurden – unter freiem Himmel –, waren stets nur mit Drahtverhau umzäunte Wiesen. Wir waren jeder Witterung ausge-

setzt, und besonders wir Schwachen litten sehr darunter. Später erinnerte ich mich oft an diese Zeiten, wenn ich im Frühjahr oder Sommer bei schlechtem Wetter auf den Berg ging und die Tiere so ohne Schutz dastehen sah.
Bei mir, und auch bei manch anderem, stellte sich ein neues Übel ein. In der Nacht schwollen meine Füße – und auch der Kopf, besonders um die Augen herum – so stark an, daß ich am Morgen kaum mehr sehen konnte. Ich erinnerte mich an einen Arbeitskollegen aus dem Lager Hersbruck, der auch eine Zeitlang so angeschwollen und dann gestorben war. Deshalb hatte ich große Angst, es könnte ein Vorzeichen des baldigen Todes sein. Ich sah fürchterlich aus und wollte mein Gesicht vor den anderen verbergen.
In diesem Zustand sagte mir ein Kollege, er habe einen anderen Sarner getroffen. Ich war gespannt darauf, ob ich ihn kennen würde. Dann fiel mir mein Aussehen ein, und ich hatte Angst, daß er mich nicht erkennen und auch nicht als Landsmann annehmen würde. Als ich ihn traf, sah ich, daß es ein mir fremder, etwas älterer Mann war. Wir kannten uns nicht, doch stellte sich im Laufe eines Gesprächs heraus, daß er meine Eltern und einige meiner Brüder kannte. Er sagte, er sei der „Strecker-Martl" (Martin Schwitzer) aus Pens und würde sich meiner annehmen. Von da an war der Martl mein großer Beschützer, und er half mir, wo er nur konnte. Aber auch die Passeirer interessierten sich immer wieder, wie es mir ginge. Sie waren mit ihren Kräften nicht viel besser dran als ich. Da sie jedoch immer zusammen waren, konnten sie sich als Brüder gegenseitig trösten und einander Mut machen. Sonst wären sie wahrscheinlich in die gleiche Lage gekommen, in der sie mich vor Tagen

gefunden hatten, meinte einmal einer von ihnen. So war ich froh, jemanden gefunden zu haben, der sich um mich kümmerte und selbst noch halbwegs bei Kräften war.
Mein neuer Kollege und ich erzählten uns nach und nach unsere Erlebnisse. Wir entdeckten bald, daß wir dieselben Ansichten über Hitler hatten. Auch er war als Antinazi verfolgt, in ein Gefängnis gesteckt und am Ende mit einer Strafkompanie an die Front geschickt worden, wo er Fürchterliches erlebt hatte, jedoch ohne verwundet zu werden davongekommen war. Er war ein tiefreligiöser Mensch. Wir beteten oft gemeinsam, und zwar nicht etwa geheim oder still, er hatte eine starke Stimme. Wir wurden zwar von vielen belächelt oder verspottet, aber das brachte uns, besonders den Martl, nicht aus der Ruhe. Wenn ihm jemand zu nahe trat, wies er ihn mit ein paar ernsten Worten zurecht, so daß dieser gerne wieder weiterging. Mit seinen neununddreißig Jahren und seinem ernsten Gesicht strahlte er einen Respekt aus, so daß er eigentlich wenig belästigt wurde. Das freute mich, und ich fühlte mich selbst gestärkt.
Jedesmal bevor wir in ein anderes Lager zogen, wurde „gefilzt". So nannte man die Kontrolle, bei der man an den amerikanischen Soldaten vorbeigehen und alle Sachen, die man im Hosensack oder in der Jacke hatte, vor ihnen auf den Boden hinlegen mußte. Es war dann oft so, daß das, was der eine liegenlassen mußte, vom nächsten in einem unbeobachteten Moment wieder mitgenommen wurde. Ich hatte nichts, was ich hätte abgeben müssen, so schaute ich, ob es nicht etwas zum Mitnehmen gäbe. Auf diese Weise nahm ich einmal ein wertvolles Taschenmesser mit, das mir aber kurz darauf wieder gestohlen wurde. Ein anderes

Mal gelang es mir, einen schönen Ledergeldbeutel mitzunehmen, allerdings war er leer. Ich brachte ihn auch heim, obwohl vor jedem neuen Lager „gefilzt“ wurde.
Bei einer Lagerkontrolle mußten sich die Gefangenen in Reih und Glied aufstellen. Viele von uns waren so schwach, daß uns der erste Versuch, vom Boden aufzustehen, nicht gelang. Als die Kontrolle kam und wir noch nicht alle auf den Füßen waren, fragte einer, was mit uns los sei. Ein Gefangener, der ein bißchen Englisch beherrschte, sagte, daß wir durch mangelnde Ernährung so schwach seien, daß wir uns nicht mehr erheben könnten. Von da an durften wir immer liegen bleiben, wenn die Kontrolle kam.
Als wir wieder einmal in ein anderes Lager verlegt wurden und unter freiem Himmel standen und lagen, hieß es, die Gefangenen müßten sich zu einer Untersuchung im großen Zelt neben dem Lager melden. So schleppte mich der Martl dann halt auch hin. Im Zelt waren ungefähr acht gefangene Ärzte in Abständen von einigen Metern aufgestellt, welche uns untersuchen sollten, wahrscheinlich zur Vorbeugung gegen ansteckende Krankheiten. Es wurde eine Entlausung vorgenommen, bei der man uns ganze Mengen Pulver in die Kleider hineinstreute. Wir mußten alles ausziehen, und ich mußte mich immer wieder beim Martl halten, um nicht umzufallen. Als ich drankam, stellte ich mich vor den Arzt hin. Er schaute mich von oben bis unten an, schüttelte den Kopf, schaute immer wieder und ging dann zu den anderen Ärzten hin. Diese kamen alle zu mir her und bestaunten meinen armseligen Körper. Sie schüttelten immer wieder den Kopf und sagten, wie es nur möglich sei, daß ein Mensch so noch leben könne.

In einem anderen Lager war die Küche direkt im Lager und nur durch einen Drahtverhau von uns getrennt. Ich kann mich noch gut erinnern, wie von der Küche verschiedene Abfälle weggeschüttet wurden. Meistens war es nur das Kaffeepulver, von dem wir Hände voll bekamen, um eine Zeitlang daran herumzukauen. Besser daran waren schon jene, die an rohe Kartoffelschalen herankamen. Jedes Gras, das bei der Lagerumzäunung zu erreichen war, besonders Löwenzahn oder andere grüne Blätter, wurde sofort gegessen. Der Hunger war so groß, daß man an eine Vergiftung erst gar nicht dachte.
Eines Tages teilte man uns mit, daß wir nach Frankreich in ein großes Gefangenenlager kommen würden. Daraufhin ging ein Jammern los; manche glaubten es nicht, manche fluchten und meinten, sie sollten uns heimgehen lassen. Alles Klagen half nichts, und eines Tages war es dann soweit. Es mag so gegen Ende Mai gewesen sein. Wir waren nicht weit von der Grenze entfernt. Am frühen Morgen mußten wir alles packen, aber es ging dann doch nicht so schnell. Wir erhielten den Kaffee und wurden dann auf Lastwagen aufgeladen. Erst am späten Vormittag fuhren wir los. Das Wetter war nebelig und trüb, so daß wir von der Landschaft nicht viel sehen konnten. Von der Grenze merkte ich gar nichts. Nach etwa vier bis fünf Stunden Fahrt machte man halt. Das Abladen mußte wieder sehr schnell gehen, die leeren Lastwagen fuhren weg, und zurück blieben nur einige Jeeps mit vielen Wachen. Man stellte uns in Viererreihen in Marschordnung auf. Der Martl und ich befanden uns ungefähr in der Mitte des Zuges. An der Spitze fuhr ein Jeep langsam voran, aber zum Marschieren war es für uns doch zu schnell. Es ging durch einen Wald über eine

ziemlich steile Straße hinauf. Ich hatte gleich schon Mühe mitzukommen, und es gingen immer wieder welche vor. Hinten hörte man Geschrei und hin und wieder einen Schuß. Ich sagte zum Martl, daß es bald nicht mehr ginge, aber er machte mir Mut und erlaubte mir, mich an seinem Mantel zu halten. Er redete mir zu, es würde schon gehen, und ich tat mein Äußerstes. Neben mir erzählte einer, daß er gesehen habe, wie man jemanden, der nicht mehr mitgekommen sei, in den Straßengraben hinuntergeschossen habe. Das war für mich ein großer Schlag, da ich ohnehin beim Aufgeben war. Wir waren jetzt schon die letzten im Marschzug und noch ein paar Schritte hinter den anderen. Hinter mir wurde geschrien, aber ich verstand kein Wort. Auf einmal gab mir einer einen Fußtritt, so daß ich ein paar Meter nach vorne flog. Der Martl half mir wieder auf. Dabei sah ich einen großen Neger hinter mir, wahrscheinlich hatte dieser mir den Fußtritt gegeben. Wochen danach schmerzten noch meine Knochen davon. Der Martl nahm mich bei der Hand und zog mich hinter sich her. Ich meinte immer wieder, nun ginge es nicht mehr, weinte wie ein Kind und war total fertig. Dann dachte ich wieder, daß ich nicht tot im Straßengraben landen, sondern leben wollte und heimkommen. Aber lange würde es so nicht mehr gehen. Wie schon so manches Mal fühlte ich mich am Rande meines Lebens. Ich aber hatte einen guten Schutzengel, und mit seiner Hilfe und mit der Hilfe aller Heiligen, die ich in diesem unbeschreiblichen Elend immer wieder anrief, ging es auch dieses Mal.

Nachdem wir eine Zeitlang so elend auf der Straße bergauf gegangen waren, kamen wir aus dem Wald heraus, und die Straße wurde eben, so daß es für mich

leichter war mitzukommen. Man sah dann gleich das große Lager mit vielen großen Zelten. Ich freute mich und hoffte, in so ein Zelt hineinzukommen, um nicht wieder im Freien jeder Witterung ausgesetzt zu sein. Wir marschierten in das Lager ein, links und rechts von der breiten Straße standen große Zelte, welche alle geöffnet waren, so daß man hineinsehen konnte. Wir hielten an und wurden auf die Zelte verteilt, ich kam ins Krankenzelt. Dort war durch die Mitte ein rund siebzig Zentimeter breiter, auf beiden Seiten mit Brettern abgegrenzter Gang. Auf beiden Seiten befanden sich Strohlager. Jeder bekam zwei Decken, also mußte es herrlich werden.
Wir erhielten unsere Verpflegung, nämlich zwei Konservendosen, und machten uns ans Essen. Jeder saß auf seinem Platz. Wir mögen vierundzwanzig Mann in unserem Zelt gewesen sein. Wir hatten ziemlich viel Platz und konnten uns richtig bewegen. Die Gesunden hingegen mußten sich ungefähr zu fünfzig den Platz in einem Zelt teilen. Hinter unserem Zelt war ein großes Gemeinschaftsklosett. Als wir unsere Rationen gegessen hatten, machten wir unsere Betten. Ich legte eine Decke unter, bündelte unter dem Kopf ein wenig Stroh und deckte mich mit der anderen Decke zu. Dann wollte ich nur mehr schlafen. Dieser Tag war für mich wohl der schwerste gewesen, körperlich und seelisch war ich total am Boden. Meine Kollegen sagten später oft, sie hätten nicht mehr an mein Weiterkommen geglaubt. Aber durch sie war es mir gelungen durchzuhalten, und so nenne ich sie mit Recht meine Lebensretter.
Diese sechs Monate, fünf Monate davon in der Hölle des Konzentrationslagers durch Hunger, Krankheit und schwere Arbeit fast zu Tode geschunden, hernach

noch einen Monat von den Amerikanern gefangen, die Todesmauer und allen möglichen Strapazen in den verschiedenen Lagern bis zum Marsch hierher, der mich fast zur Verzweiflung gebracht hatte, haben mein junges Leben total ruiniert. Daran werde ich wahrscheinlich mein Leben lang körperlich und seelisch zu leiden haben.

Im Gefangenenlager in Frankreich

Mit diesem Tag aber nahm mein Leidensweg ein Ende. In diesem neuen Gefangenenlager fing für uns ein ganz neues Leben an – nach monatelangem Entbehren menschlicher Behandlung. Im Zelt konnten wir nun auf Stroh liegen und waren nicht mehr dem schlechten Wetter ausgesetzt. Ich schlief in dieser ersten Nacht im Zelt gut, nur ein paarmal schreckte ich ängstlich auf. In der Früh brachte man uns den Kaffee sogar ins Zelt, ohne daß wir aufstehen mußten. Es war Milchkaffee, aber wir bekamen kein Brot. Zwei Krankenpfleger bedienten uns. Es wurde Fieber gemessen, und wie mehrere andere hatte auch ich achtunddreißig Grad. Man behandelte auch meine wunden Füße. Zu Mittag gab es Haferflockensuppe mit Marillen, und nachher konnten wir wieder schlafen und uns von den vergangenen Strapazen ausruhen. Am späten Nachmittag brachte man uns Brot. Es waren viereckige, zehn Zentimeter dicke weiße Brote, so weiß, wie wir sie vorher nie gesehen hatten. Wir machten alle großen Augen und konnten es kaum erwarten, bis sie verteilt wurden. Je vier Männer mußten sich ein Brot teilen, bei uns Kranken waren es je zwei. Dazu bekamen wir ein Stück Schokolade oder ein wenig Marmelade. Das Essen war gut, aber natürlich immer noch zu wenig. Wahrscheinlich war es besser so. Später kam man wieder mit dem Fiebermesser, dann wurde diskutiert und politisiert. Hauptsächlich freuten wir uns über die Menschlichkeit, die wir hier erfuhren. Wir bekamen neue Hoffnung heimzukommen.

Im Lager wurde bald erkannt, daß einige ehemalige

Häftlinge aus dem Konzentrationslager im Krankenzelt waren und sich in ganz schlechtem Zustand befanden. Das war auch dem Küchenpersonal bekannt. Ich glaube, der Martl hatte sich dafür eingesetzt, daß wir jeden Tag zusätzlich zur üblichen Verpflegung einen Topf voller Haferflockensuppe holen durften. Ich bekam eine Vierliterdose, in welcher vorher getrocknete Marillen gewesen waren. Ein Koch füllte mir diese Kanne fast bis zum Rand mit Suppe. Ich bedankte mich wohl mit Tränen in den Augen und ging, so schnell meine wackeligen Beine mich trugen, in das Zelt zurück. Unterwegs schaute ich immer wieder in die Kanne, und ich erwartete es kaum, bis ich essen konnte. In der Hand hielt ich schon den abgebrochenen Löffel ohne Stiel, den ich einmal irgendwo gefunden hatte. Ich setzte mich im Schneidersitz auf mein Strohlager und fing an zu essen. Ich konnte lange essen; was rundherum vorging, nahm ich nicht wahr. Als ich mit dem Löffel nichts mehr kriegen konnte, strich ich mit dem Finger noch alles sauber aus, denn ich konnte nie genug bekommen. Ich hätte wahrscheinlich noch eine Kanne voll Suppe ausgegessen. Es war viel Wasser dabei, und deshalb war die Suppe auch leicht verdaulich. So vergingen Tage und Wochen, ohne daß sich im Lager etwas änderte.

Mit meiner Erholung ging es sehr langsam. Nach drei Wochen im Krankenzelt hatte ich immer noch Fieber. Man tat auch nichts dagegen, außer daß ich Tag und Nacht liegen durfte. Zeit und Ruhe waren das einzige, was ich zur Genüge hatte. Ich fragte mich dann, wie es daheim ausschauen würde, wie sich das Kriegsende abgespielt habe. Seit November hatte ich nichts mehr von daheim gehört, und mich wunderte, wie es meinem Bruder, der auch geflüchtet war, ergangen sein könnte, ob er sich habe stellen müssen, ob man seinetwegen die Eltern verhaftet habe, ob die vier Brüder, die im Krieg waren, noch alle lebten oder ob vielleicht der eine oder andere im Krieg gefallen sei. Mit diesen Gedanken beschäftigte ich mich oft die längste Zeit.

Später, als ich mich ein wenig erholt hatte und das Wetter schön war, ging ich öfter im Lager herum. So traf ich noch zwei Sarner: den „Irscher-Luis" und den Josef Reichsigl (genannt „Erschbaum-Sepp"), den ich von daheim kannte.

Im Lager wurden allerlei Sachen gebastelt, aus dem Blech der Konservendosen machte man Tabakdosen und ähnliches. Da ich ein wenig gravieren konnte, schrieb ich auf meine Eßkanne meinen Namen und verzierte sie mit Blumen. Das sahen die anderen, und ich mußte einigen dasselbe machen. So konnte ich mir für drei, vier Stunden Arbeit ein paar Bissen Brot verdienen, um das mir so mancher neidisch war. Wie hoch wir damals das Brot schätzten, kann sich heute wohl kaum einer vorstellen. Es wurde geteilt und mit einer selbstgebastelten Waage genau gewogen; wenn ein Stück größer war als das andere, wurde ein Stück abgeschnitten. Die kleinsten Brösel wurden ohne jegliche Bedenken vom Boden aufgegessen.

Es mag auffallen, daß ich immer wieder vom Hunger und vom Essen rede, aber das war wirklich ein großes Übel. Durch den ständigen Hunger seit Monaten, bei manchen seit Jahren, war man einfach kindisch geworden. Man sprach wie Kinder vom Essen und bettelte den einen oder anderen um ein Stück Brot oder einen Löffel Suppe an. Da gab es keinen Unterschied zwischen den Siebzehn- oder Achtzehnjährigen und den schon reiferen Vierzig- oder Fünfzigjährigen.

Zwischendurch hörte man verschiedene Gerüchte; einmal, daß man uns nach Italien in ein Gefangenenlager schicken würde, ein anderes Mal, daß wir in kurzer Zeit heimgehen dürften. Man glaubte gar nicht mehr an solche Sprüche, aber manche hatten eben Freude daran, jeden Tag neue Gerüchte im Lager zu verbreiten.
Martl und ich trafen uns fast jeden Tag, besonders bei gutem Wetter, zum Beten des Abendrosenkranzes. Wir saßen dabei am Rande des Lagerplatzes an der Böschung der Umzäunung. Die Gefangenen spazierten am Abend im Lager herum. Anfangs waren nur wir zwei beim Beten; mit der Zeit machten immer mehr mit, und das freute uns, besonders den Martl. Seine starke Stimme klang immer lauter, so daß er in einem weiten Umkreis gehört wurde. Oft saßen oder standen wir noch lange herum und schauten dem schönen Sonnenuntergang zu. Das war herrlich. Die Sonne wurde immer dunkler, bis sie als rote Kugel verschwand, und gleich darauf wurde es dann auch dunkel.
Einmal kam ein italienischer Priester in unser Lager, und es wurde ein Fest vorbereitet. Man stellte einen Altar auf, und es gab auch die Möglichkeit zu beichten. Ich ging ein wenig abseits von den anderen mit dem Priester spazieren, und so empfing ich im Gehen das Sakrament der Buße. Obwohl er nur Italienisch sprach, verstanden wir uns gut, da ich im Konzentrationslager viel mit Italienern zu tun gehabt hatte. Es war eine große Freude, sich wieder öffentlich als Christ zeigen zu dürfen, was uns im Lager unter strengster Bestrafung untersagt gewesen war. Am darauffolgenden Tag wurde dann der feierliche Gottesdienst gehalten. Eine größere Menge von Gefange-

nen bildete den Chor, welcher rührende Gefangenenlieder sang. Der Priester ermutigte uns in der Predigt zum Opferbringen und zum Durchhalten. Er könne uns versichern, daß wir in kurzer Zeit zu unseren Lieben heimkommen würden. So feierten wir die heilige Messe mit großer Andacht als Dank für das Überleben vieler schwerer Stunden und als Bitte um eine glückliche Heimkehr. Ich glaube, daß alle, mit wenigen Ausnahmen, mitmachten, auch wir Südtiroler. Wir hatten uns ja als Italiener bekannt, als man uns nach unserer Nationalität gefragt hatte. Ich hatte da keine Hemmungen. Mich hatte man als italienischen Staatsbürger verfolgt und vernichten wollen, so kehrte ich wieder gerne als solcher in die Heimat zurück.

Ungefähr nach einer Woche, es mag in den ersten Augusttagen gewesen sein, wurden die Namen der italienischen Gefangenen aufgeschrieben, und man sagte, es würde eine Kommission aus Italien kommen, um alles zu überprüfen und uns heimzubringen. Wir freuten uns, endlich wieder nach Hause zu kommen. Manche Südtiroler hatten sich nun anders besonnen und gaben sich als Österreicher aus. Das aber verzögerte nur ihre Heimkehr. Wie ich später erfuhr, mußten sie noch ein halbes Jahr auf Arbeit gehen, was soviel wie Arbeitslager bedeutete. Und hernach, wenn sie in ihre Südtiroler Heimat zurückkehren wollten, mußten sie sich wieder zu ihrer italienischen Staatsbürgerschaft bekennen beziehungsweise um diese ansuchen.

So vergingen die Tage mit freudiger Hoffnung.

In diesem Lager hatte ich mich mit der Zeit soweit erholt, daß ich öfter herumspazieren konnte. Nur das Aufstehen bereitete mir noch immer Schwierigkeiten.

Mir wurde dabei schwindlig und ich mußte mich irgendwo festhalten.
Eines Nachmittags ging ich wie üblich zur Küche, um mir die Suppe zu holen, die wir ehemaligen Häftlinge bekamen. Die Küche war durch einen Drahtzaun vom Lager getrennt. Als ich zum Durchlaß kam, wo immer ein Gefangener als Posten stand, hielt mich dieser auf und sagte, er dürfe niemanden durchlassen, der nicht voll bekleidet sei. Wie schon öfter hatte ich nur das Hemd und eine kurze Unterhose an, was bisher niemanden gestört hatte.
Nach einem kurzen Wortwechsel ging ich gerade an dem Mann vorbei in die Küche und bekam wie immer meine Suppe. Als ich auf dem Rückweg an dem Posten vorbeikam, sagte er ganz zornig, er werde es dem Chef melden. Ich machte mir nicht viel daraus, ging in mein Zelt, aß mit Genuß die Suppe und erzählte meinen Kollegen, wie es mir ergangen sei. Wir meinten, er sei mir halt wahrscheinlich neidisch gewesen.
Am nächsten Vormittag kamen zwei Männer vom Ordnungsdienst, welcher innerhalb des Lagers bestand, und fragten nach einem Franz Thaler, welcher sich am Vortag am Küchentor dem Wachmann widersetzt habe. Ich meldete mich und wurde gefragt, wieso ich das gemacht hätte. Ich erklärte, daß vorher meine Bekleidung nie jemanden gestört habe. Ich hätte geglaubt, er wolle mich hänseln. Die zwei Männer sagten, ich hätte mich nicht gegen den Wachmann richten dürfen, und ich müsse deshalb drei Tage im Arrest verbringen.
Der Lagerarrest befand sich am Ende des Lagerplatzes und war ein Zelt, das an der Vorderfront offen war. In der Mitte standen auf bloßer Erde ein kleiner wak-

keliger Tisch und ein paar Stühle. Das Zelt war mit einem Drahtverhau umzäunt, und in einer Ecke war ein schmales Tor, mit einem Schloß versperrt. Ich war dort jeden Tag vorbeigegangen und gebe zu, daß ich manchmal mit Verachtung die Männer angeschaut hatte, die da drinnen wegen Diebstahls oder darauffolgender Schlägereien bestraft wurden. Jetzt mußte ich selbst hinein. Ich war nun ein doppelt Gefangener, und das hatte ich einem Südtiroler zu verdanken, dessen Namen ich nicht nennen will, obwohl ich mich noch gut an ihn erinnere. Ich kann mir den „jungen Spritzer", der er damals war, noch gut vorstellen. Wahrscheinlich war es einer jener Tiroler, die, wenn es irgendwie ging, die gepriesene Kameradschaft gegen Macht austauschten.

Für mich war es ein Rückschlag, ich fühlte mich von der Gemeinschaft ausgeschlossen.

Es brauchte damals nicht viel, mich traurig zu stimmen. Die seelischen Schmerzen waren meist schlimmer als die körperlichen. Es dauerte nicht lange, bis meine wahren Kameraden zum Arrest herkamen und mich trösteten. Im Grunde ging es mir ja gar nicht schlecht; zu essen bekam ich genausoviel, oder besser gesagt, genausowenig wie außerhalb des Arrests. Ich konnte nur nicht frei im Lager herumlaufen und mich untertags hinlegen. In der Nacht durfte man in sein Zelt zurück.

Am Nachmittag des zweiten Tages wurden wir geholt und von einer italienischen Kommission noch einmal aufgeschrieben. Ich mußte noch einmal in das Arrestzelt zurück, aber nichts konnte mich mehr traurig stimmen, da es ja nur noch einige Tage bis zur Heimkehr dauern sollte. Ich war wegen meines „Vergehens" aus dem Krankenzelt entlassen, aber trotzdem

dem Krankentransport zugeteilt worden. Es hieß, die Kranken würden zuerst wegfahren. Die Freude war groß, alles sprach nur noch vom Heimfahren.
Am dritten Tag wurde ich aus dem Arrest entlassen und in ein anderes Zelt gebracht. Dort war es so eng, daß alle auf der Seite liegen mußten, um Platz zu haben. Wenn man einmal austreten mußte, war es notwendig, daß man sich den Platz gut merkte, um sich nachher wieder hineinzwängen zu können. Es war eigentlich schön anzusehen; wir waren in diesen Raum hineingepreßt wie die Sardinen in eine Dose. Zum Glück mußte ich dort nur zwei Nächte lang schlafen.

Der Weg in die Heimat

Am Nachmittag des 14. August 1945 mußten jene, die zum Krankentransport gehörten, alles packen und sich zum Abmarsch bereitmachen. Es waren nur die Kranken, die nicht mehr liegen mußten und nicht mehr pflegebedürftig waren. Zu packen hatten wir eigentlich nur den Löffel und die Eßkanne sowie die zwei kleinen Konservendosen, die wir als Marschverpflegung bekamen. Wir wurden mit Lastwagen zur Bahn gebracht. Der Zug stand schon bereit. Wir wurden abgezählt und mußten einsteigen. Zu unserem Erstaunen war es nicht mehr ein Viehwagen, sondern ein normaler Personenzug dritter Klasse. Wir glaubten zwar noch immer, bewacht zu werden, fühlten uns aber doch als Menschen behandelt.

Am Abend ging es dann in Richtung Heimat los. Unsere Freude war groß. Der Zug ratterte gemütlich dahin, er schien es nicht eilig zu haben, uns heimzubringen. Ich döste vor mich hin, schlafen konnte ich nicht. Die Nacht verging aber doch schnell; es wurde früh Tag, und bald schien auch schon die Sonne durch die Fenster. Es war der 15. August, Mariä Himmelfahrt, und ich dachte, daß man daheim Festtag feiern würde. In Gedanken feierte ich mit, dankte der Mutter Gottes für den Schutz und den Trost, den ich von ihr erhalten hatte, und versprach, wenn es irgendwie ging, jedes Jahr einmal nach Maria Trens zu wallfahrten. Unsere Marschverpflegung hatten wir längst aufgegessen, und der Hunger machte sich mehr und mehr bemerkbar. Endlich hielt der Zug in einer kleinen Ortschaft – noch in Frankreich – und nach einer Weile brachte man uns Tee und ein Stück Brot. Nach dem

Essen durften wir aussteigen und in Rufweite frei herumgehen.
Ich ging mit ein paar Kollegen über einen Wiesenweg hinaus, und immer wieder schaute bald der eine, bald der andere zurück, da wir meinten, es müsse eine Wache mit schußbereitem Gewehr hinter uns her sein. Wir konnten es einfach nicht glauben, auf einmal keinen Stacheldraht mehr um uns herum zu haben, einfach frei zwischen den Wiesenblumen herumgehen zu dürfen.
Nicht weit entfernt sahen wir ein kleines Kirchlein mit ein paar Häusern, und es fehlten nur noch die Berge im Hintergrund, um das Bild vollständig zu machen. Es war für mich eine echte Vorfreude. Den ersten Tag in Freiheit unter strahlender Sonne mitten in den Wiesenblumen werde ich so wenig vergessen wie manchen harten Tag im Konzentrationslager oder in der Gefangenschaft, als ich auf der totgetrampelten Erde stand und sehnsüchtig durch den Stacheldraht in die Freiheit schaute.
Nach ein paar Stunden mußten wir wieder einsteigen, und es ging weiter, Richtung Schweiz. Wir wurden im Zug nicht bewacht. Unsere Begleiter stellten sich nunmehr als bloße Führer heraus, die uns in die Heimat bringen sollten.
Am nächsten Tag war wieder herrliches Wetter. Ich hatte wenig geschlafen, und als die Sonne schien, wurde ich richtig munter. Es war herrlich, durch diese Landschaft zu fahren, schöne Häuschen mit schönen Blumen auf den Balkonen und rundherum die Berge, die ich als Tiroler schon lange vermißt hatte. Gegen Mittag kamen wir in eine größere Ortschaft, in der man uns das Frühstück brachte. Einige Männer teilten Brot, Kekse und Butter aus und schenkten Kaffee ein.

Sie gingen von Abteil zu Abteil und wünschten uns eine gute Mahlzeit und besonders eine glückliche Heimkehr. Das war seit fast einem Jahr die erste Begegnung mit Zivilpersonen.
Nach einer Weile Aufenthalt fuhr der Zug weiter. Es ging uns fast zu langsam. Es wurde Nacht, und wir dösten so dahin. Nachdem wir durch einen langen Tunnel gefahren waren, hieß es, daß wir nun in Italien seien.
Als es anfing zu tagen, hielt der Zug an. Wir hofften umsonst auf ein Frühstück, denn bald fuhren wir weiter. So gegen Mittag kamen wir in Novara an. Nachdem wir eine Weile im Zug auf dem Bahnhof gewartet hatten, mußten wir aussteigen. Wir gingen durch den Bahnhof auf die Straße hinaus, auf der wir vielen Frauen und Kindern begegneten. Sie sprachen alle italienisch und grüßten freundlich. So gingen wir durch die Straßen auf eine verwahrloste Kaserne zu. Dort mußten wir in einen großen Raum im Erdgeschoß hinein. Der Raum ähnelte eher einer Autogarage als einem Aufenthaltsraum für Menschen. Der Boden war schmutzig, und in einer Ecke befand sich ein Strohlager, auf dem einige Decken ungeordnet herumlagen. Wahrscheinlich waren schon vor uns Gefangene einquartiert gewesen. Wir erhielten eine schöne Portion Pasta asciutta, worüber wir uns alle freuten. Wir wurden hier wieder eher bewacht, und zwar von Italienern. Wenn wir Deutschsprachigen uns in unserer Muttersprache unterhielten, wurden wir mißtrauisch angeschaut; das war kein Wunder, da auch die Italiener unsagbares Leid durch die Deutschen erfahren hatten. Sie wußten ja nicht, daß wir, gleich wie sie, von den Deutschen verfolgt worden waren, und so stieg in ihnen wahrscheinlich immer

der Haß auf, wenn sie ein deutsches Wort hörten. Wir durften den Raum nicht verlassen und langweilten uns. Wir wollten heimfahren. Statt dessen sagte uns ein Wachtposten, daß wir noch weiter nach Süden in ein Gefangenenlager kommen würden. Das stimmte uns traurig, obwohl wir es nicht so recht glaubten, da man uns vorher die Entlassung und Heimkehr versprochen hatte. Es wurde Abend, und wir mußten uns mit dem schmutzigen Strohlager als Liegestätte begnügen. Man brachte uns Decken; wir breiteten sie aus und legten uns hin. Wovor wir uns gefürchtet hatten, nämlich in ein Läusenest zu geraten, trat nicht ein. Ich schlief bis in den Morgen. Wir erhielten Kaffee und Brot und diskutierten über dies und jenes. Die Schwarzseher meinten, wir würden noch lange in den Lagern herumwarten müssen, andere glaubten, daß wir bestimmt bald daheim sein würden. Ich schloß mich dieser Meinung an. Man würde wohl nicht die eigenen Leute gefangenhalten. Zu Mittag erhielten wir wieder eine große Portion Pasta asciutta, und unser Hunger war gestillt. Es war ziemlich warm, und wir blieben gerne im Schatten. Mancher legte sich auf das Strohlager, um durch ein Schläfchen die Zeit zu verkürzen.
Am späten Nachmittag kamen etliche Männer in Zivil und teilten uns provisorische Entlassungsscheine aus. So wußten wir von unserer baldigen Heimkehr. Am Abend bekam jeder ein Stück Brot, Kekse und Tee. Wir warteten ungeduldig auf unsere Weiterfahrt, und als es dunkel wurde, legten wir uns wieder auf das Strohlager zum Schlafen.
Am nächsten Morgen – am 18. August – hofften wir, nach dem Frühstück bald wegzukommen. Tatsächlich mußten wir uns bereit machen, zum Bahnhof mar-

schieren und in einen Personenwaggon einsteigen. Es waren für uns ein paar Abteile reserviert. Der Zug fuhr bald los. In Mailand hielt er kurz an, und einige stiegen aus, weil sie in eine andere Richtung weiterfahren mußten. Wir verabschiedeten uns von unseren italienischen Kollegen mit einem freundlichen Gruß und einem „Komm gut heim!“ Der Zug fuhr weiter in Richtung Verona.

Dort mußten wir alle aussteigen, wir bekamen eine Marschverpflegung und verabschiedeten uns wieder von vielen Kollegen. Es blieben nur noch zehn bis zwölf Männer übrig, die in Richtung Trient fuhren.

Wir waren jetzt vollkommen frei und mußten selbst schauen, wie wir weiterkamen. Wir erkundigten uns am Bahnhof nach einem Zug nach Bozen, aber es sah schlecht aus. Da uns das Warten bis zum Abend zu lange dauerte und wir erfuhren, daß eine Lokomotive ohne Wagen nach Trient fahre, bettelten wir so lange, bis man uns mitnahm. Wir durften uns außen an der Lokomotive festhalten. Es war ziemlich warm, so daß wir richtig schwitzten. Die Lokomotive wurde mit Kohle angetrieben, und manchmal trug uns der Wind den Rauch ins Gesicht, so daß wir fast erstickten.

Als wir in Trient ankamen, waren wir halbe Neger. Der Rauch hatte sich wie Ruß auf unsere schweißnassen Gesichter gelegt. Wir gingen zu einem Brunnen, um uns Hände und Gesicht zu waschen, aber mit kaltem Wasser und ohne Seife wollte es uns nicht gelingen. Auch hier blieben einige Kollegen zurück. Wir übrigen wollten nicht viel Zeit verlieren und gleich weiterfahren. Aber wie? Zug fuhr keiner. Wir gingen auf die Straße, und dort kam bald ein Lastwagen. Wir hielten ihn an und durften mitfahren.

Es war kurz vor neun Uhr abends, als wir am Bahnhof

in Bozen ankamen. Wir bedankten uns herzlich beim Fahrer und verabschiedeten uns. Ich wollte mich beeilen, um beim „Rößlwirt“ in der Bindergasse vielleicht noch jemanden mit einem Auto oder sonst einem Fahrzeug zu erwischen, um noch ins Sarntal zu gelangen. Aber es war niemand da, außer einigen Arbeitern, die gemütlich ein Glas Wein tranken.
Ich überlegte, was ich tun sollte. In Bozen übernachten wollte ich nicht. Ich hatte Hunger und noch mehr Durst, konnte mir aber nichts anschaffen, da ich kein Geld hatte und mich nicht zu betteln traute. Ich verließ die Gaststube wohl ein wenig betrübt. Ich war müde, zudem schmerzten meine wunden Füße. Ich beschloß, soweit wie möglich zu gehen und dann irgendwo am Straßenrand im Gras zu schlafen.
Als ich losging, war es kurz nach neun Uhr, und es begann zu dunkeln. Oberhalb des „Deutschhauses“ lag am Straßenrand ein Holzstab, den ich als Stock mitnahm. Ich war noch nicht ganz sicher, ob ich den richtigen Weg ins Sarntal gefunden hatte, erst als ich am „Gschlößl-Stall“ vorbeiging, wußte ich, daß es der richtige war. Ich stapfte freudig weiter, um bald heimzukommen. Der Gedanke an zu Hause ließ mich Müdigkeit und Hunger ein wenig vergessen. Inzwischen war es dunkel geworden, und ich kam zum ersten Tunnel. Besonders in den längeren Tunnels war es stockfinster wie in einem Sack. Ich tastete mich mit dem Stock am Felsen entlang, bis ich wieder draußen war. Ich war froh, als ich die Tunnels hinter mir hatte. Es packte mich die Müdigkeit, und der Durst plagte mich sehr. Ich wußte, daß in „Halbweg“ neben der Straße ein Brunnen war. Dort wollte ich meinen Durst stillen und hoffte, nachher besser weiterzukommen. Es fing leicht zu regnen an, und ich ging halb schla-

fend auf der Straße dahin; niemand störte mich, weder ein Auto noch ein Motorrad oder ein Mensch.
Endlich kam ich nach „Halbweg“ und hörte das Wasser des Brunnens rauschen. Es war so finster, daß ich kaum den Trog erkannte. Als ich die Kanne, die ich immer noch als Eßgeschirr bei mir trug, unter den Wasserstrahl halten wollte, sprang ein großer Hund hinter dem Brunnen hervor und bellte mich fürchterlich an. Im Moment waren Müdigkeit und Durst durch den Schrecken vergangen, so daß ich wieder schneller weiterkam.
Es fing immer stärker zu regnen an.
Die große Müdigkeit war auch wieder da, und ich setzte mich wiederholt am Straßenrand auf Wehrsteinen nieder und nickte wohl manches Mal ein wenig ein, bis ich beinahe herunterfiel und erschreckt wieder aufstand, um weiterzugehen. Nach mehreren Rastpausen kam ich nach Bundschen. Da es stark regnete, wollte ich kurz irgendwo unterstehen. Ich ging zum kleinen Kirchlein hin und lehnte mich an die Tür. Nachdem ich einige Vaterunser gebetet hatte, packte mich eine so große Müdigkeit, daß ich nicht mehr weitergehen konnte. Ich mußte irgendwo Unterschlupf suchen und ging zum Bundschen-Stadel, dessen Tor offenstand. Auf der Tenne lag ein wenig Gras, und so legte ich mich dort hin und schlief sofort ein. Ich war ja schon vier bis fünf Stunden gegangen.
Ich wachte auf, als man im Kirchlein betläutete, ging zum Brunnen und wusch mich ein wenig. Es mag ungefähr sechs Uhr gewesen sein. Es hatte aufgehört zu regnen, so daß ich weitergehen konnte. Es war Sonntag, der 19. August, und es begegneten mir etliche Leute, die von der Frühmesse heimgingen. Sie trugen die Sonntagstracht. Ich stapfte weiter und kam

endlich in Sarnthein an. Dort ging ich gleich zum Tutzer, einem Geschäft, bei dessen Besitzern meine Schwester Anna wohnte. Es war so der Brauch, daß Verwandte oder Bekannte in der Küche den Rucksack oder die Einkaufstaschen einstellten, um dann nach dem Gottesdienst einkaufen gehen zu können.
Beim Tutzer traf ich auch gleich drei meiner Geschwister: die Nanni, die Burgl und den Flor. Die Geschäftsbesitzer, Seppl und Gedl, waren auch da. Es war für alle eine freudige Überraschung. Ich erkundigte mich sogleich nach meinen vier Brüdern, die im Krieg gewesen waren. Man konnte mir mit Freude berichten, daß alle glücklich heimgekommen waren und daß ich der letzte sei.
Da kam meine Schwester Moidl zur Tür herein. Sie fiel mir um den Hals und küßte mich voll Freude.
Inzwischen hatte man erfahren, was Dachau war und daß es für viele den Tod bedeutete; deswegen auch die Angst meiner Leute, ich könnte es nicht überlebt haben. Man gab mir ein ordentliches Frühstück, und dann wurde es Zeit, zur Messe zu gehen. In der Kirche dankte ich dem Herrgott für die Heimkehr.
Nachher traf ich noch drei meiner Brüder. Wir erzählten einander, war wir erlebt und wie wir heimgekommen waren.
Nach dem Mittagessen gingen der Flor und die Burgl mit mir nach Reinswald zu meinen Eltern. Damals mußte man zu Fuß gehen, und ich mußte mich zusammennehmen mitzukommen. Meine Geschwister forderten mich hin und wieder auf zu rasten, denn sie merkten, daß ich mich schwer tat. Ich hinkte immer mehr, meine Füße schmerzten, wohl weil ich die vergangene Nacht so weit gegangen war. Immer wieder, wenn wir zu einem Brunnen kamen, mußte ich

ein wenig trinken; das war so eine Gewohnheit, und ich meinte, das frische, klare Sarner Quellwasser würde mich schon wieder aufrichten.
So näherten wir uns langsam meinem Heimathaus. Als wir uns vom Hauptweg, der nach Durnholz führte, trennten und auf dem Weg nach Reinswald weitergingen, sah ich, daß uns ein Mann in Sonntagstracht entgegenkam. Ich erkannte ihn sofort: Es war einer der Verantwortlichen, die mir und meinen Eltern versprochen hatten, daß mir wegen meiner Kriegsdienstverweigerung nichts passieren würde, mich statt dessen aber zur Verurteilung und somit ins Konzentrationslager Dachau hatten bringen lassen. Mir wurde einmal kalt, einmal heiß, und mich überkam die Angst, die ich früher vor diesen Männern immer gehabt hatte. Ich wäre am liebsten ausgewichen, erinnerte mich dann aber daran, daß sich das Blatt ja gewendet hatte. In mir bäumte sich so etwas wie Kampfbereitschaft auf: Jetzt würde ich mich verteidigen. Mein Bruder Flor, der auch flüchtig gewesen und einmal knapp einer Ergreifung durch den damaligen Wachtmeister und die einheimischen Helfer entgangen war, war auch nicht gerade erfreut, diesem Menschen jetzt zu begegnen.
Als wir näherkamen, ging er mir lächelnd entgegen, so wie es seine Art war, reichte mir die Hand zum Gruß, den ich erwiderte, und nach den Worten: „Franz, grüß dich, wie geht's?“ wandte er sich gleich an meine Geschwister und meinte: „Jetzt könnt ihr mir nicht mehr mit Vergeltung drohen.“ Damit hatte man ihm gedroht, sollte ich in Dachau zugrunde gehen. Ich glaube, für ihn war meine Heimkehr eine Erleichterung, aber andererseits blieb ich ihm ein Dorn im Auge. Wir gingen dann unserer Wege; die

Freude der Heimkehr aber war durch diese Begegnung geschmälert worden. Es mag für mich wohl die erste Probe der Vergebung gewesen sein, welche ich im größten Elend immer wieder versprochen hatte.
Als wir daheim ankamen, waren nur eine jüngere Schwester und der jüngste Bruder da; der Vater war als Hirte auf der Alm und die Mutter beim Sonntagnachmittagsgottesdienst. Ich wusch mich und kleidete mich um, denn auf der Heimreise hatte es kaum eine Möglichkeit gegeben, sich sauber zu halten. Es war eine Freude, Zivilkleider anzuziehen. Inzwischen kam auch die Mutter heim, und sie freute sich sehr über meine glückliche Heimkehr. Sie sagte, Gott sei Dank sei auch der letzte der sechs Eingerückten oder Flüchtigen heimgekommen. Dann richtete sie uns eine bescheidene Marende. Nach einer Weile war ich soweit ausgeruht, daß ich mich stark genug fühlte, nach Durnholz zu gehen, wo ich mich daheim fühlte und meine Jugendfreunde hatte.
Beim Außerwegmann traf ich am Abend meine Kusine Sanni, mit der ich aufgewachsen war. Sie ging mit mir zum Wegmann, wo man gerade beim Abendessen war. Alle waren über mein Kommen überrascht und luden mich zum Mitessen ein, denn es war ja Durnholzer Kirchtag. Ich nahm gerne an. Auch andere Kirchtagsgäste waren da. Einer davon war der „Klapf-Flor“, ein Verwandter von mir, der sich gleich für meine Erlebnisse in Dachau interessierte, verschiedenes fragte und schon wußte, daß das Konzentrationslager eine Gedenk- und Wallfahrtsstätte werden sollte.
Nach einer Weile ging ich weiter, denn ich wollte unbedingt noch bis zum Bachmann, zu meiner Ziehmutter, die ich sehr liebte. Sie hatte für mich wie für

ihre eigenen Kinder gesorgt, damit wir brauchbare Menschen wurden. Dafür bin ich ihr und dem lieben Ziehvater, der allzufrüh starb, immer dankbar.
Ich ging an der Kirche vorbei, dann den See entlang weiter. Es war dunkel, aber im Dämmerlicht sah ich doch die Gegend, in der ich aufgewachsen war. Ich sah die Lichter der einzelnen Höfe, den Weg, den ich hundertmal zur Schule und zur Kirche gegangen war. Besonders erinnerte ich mich, wie ich als Flüchtling immer in der Dunkelheit umhergegangen war. Ich erinnerte mich auch an die alten Fischerleute, von denen wir Hinterseerbuben oft das Schifflein ausgeliehen hatten, um auf dem See herumzurudern. In der Stube des Schneiderhäuschens flackerte noch ein kleines Lämpchen. Der Hausbrunnen, aus dem ich oft getrunken hatte, plätscherte neben dem Weg, und ich fühlte mich immer mehr daheim. Ich sah dann noch die Schneidermutter mit der Laterne zum Stall gehen, aber in der Dunkelheit hatte sie mich nicht bemerkt. Ich stapfte weiter, und auf dem Weg zum Seeberhof traf ich meinen besten Schulfreund, Josef Hochkofler, genannt „Ebn-Sepp". Wir begrüßten uns und freuten uns beide, glücklich heimgekommen zu sein. Ich sollte mit ihm zum Seeberhof gehen, wo Musik gemacht und getanzt wurde. Ich wollte aber nicht und ging weiter.
Der Sepp aber erzählte beim Seeber, daß ich heimgekommen sei und mich auf dem Weg zum Bachmann befände. Das hörte auch mein Kusin und Ziehbruder, der Bachmannbauer Nikolaus Brugger. Er kam vor das Haus und rief: „Franz, bist du's?" Ich erkannte gleich seine Stimme und antwortete. Ich befand mich schon ein Stück oberhalb des Hofes, und so hieß er mich warten, bis er nachkomme. Ich setzte mich am

Wegrand auf einen Stein, aber es drängte mich weiterzugehen, um das letzte Ziel meiner Heimkehr zu erreichen.
Wir gingen beim Angerer vorbei, von wo aus ich eingerückt war, und kamen dem Ziel immer näher. Ich sah schon bald das Haus. Es war alles dunkel im Haus; die Mutter war schon im Bett.
Der Bauer machte Licht, weckte die Mutter, und wir gingen in die Stube, um auf sie zu warten. Kaum hatten wir uns hingesetzt, da kam die Mutter von der Kammer herunter. Sie trug nur einen Kittel, so wie es üblich war, wenn sie in der Nacht geweckt wurde. Ich kann mich noch gut erinnern, wie sie zur Tür hereinkam, mit der einen Hand hielt sie den Kittel zusammen, die andere streckte sie mir zum Gruß entgegen. Sie freute sich über mein Heimkommen, und mir mögen wohl ein paar Tränen heruntergerollt sein.
Ich war zu Hause.
Nach dem Essen, das mir die Mutter noch bereitete, plauderten wir eine Weile, bis mich der Schlaf überwältigte. Man sagte mir, wo ich schlafen könne, und ich solle mich ausruhen. Ich kam in die Kammer, in der ich fünfzehn Jahre geschlafen hatte. Jeder Ast, jede Spalte in der Wand oder am Boden waren mir bekannt, das Plätschern des Wassers im Brunnen vor dem Haus, das man so schön hörte, all das trug dazu bei, daß ich mich daheim fühlte. Ich mag wohl noch ein Dankgebet gesprochen haben, bevor ich einschlief.
So ging der Tag der Heimkehr, an dem ich so viel Wiedersehensfreude erlebt hatte, zu Ende. Ich schlief in dieser Nacht nicht so gut, wie ich es mir vorgestellt hatte, und träumte alles mögliche. Der Tag war einfach zu aufregend gewesen.

In der Früh hörte ich jemanden, der in der Nähe des Hauses Gras für die Kühe mähte, die Sense wetzen. Ich hörte auch die Kuhglocken, die mir so bekannt waren, und ich konnte mir sogar vorstellen, welche Kuh welche Glocke trug. Ich blieb noch im Bett liegen, weil man es mir empfohlen hatte, und es war schön, nach langer Zeit wieder in einem Bett zu schlafen.
Ich dachte nach, wie es jetzt weitergehen solle. Ich wollte niemandem zur Last fallen, doch zum Arbeiten war ich noch zu schwach. Ich stand dann auf und aß das Frühstück, das mir die junge Bäuerin richtete. Ich bedankte mich für alles und ging zum Nachbarn, zum Angerer, wo ich meinen Kleiderschrank hatte, weil ich im Vorjahr dort als zweiter Knecht angestellt und von dort aus eingerückt war. Ich holte mir aus meinem Kasten ein paar Kleidungsstücke, und die Bäuerin gab mir auch noch etwas zu essen. Sie war allein zu Hause und meinte, ob ich dableiben wolle, sie könnten mich gut brauchen, da jetzt viel Arbeit sei. Ihr Vorschlag brachte mich in Verlegenheit, denn ich fühlte mich schuldig für all das, was ich in meiner Flüchtlingszeit erhalten hatte und mir an Lebensmitteln hatte nehmen dürfen, aber mein Zustand ließ es noch nicht zu, daß ich arbeitete. Ich meinte, ich müsse mich zuerst ein wenig erholen. Sie sah das auch ein und sagte, ich solle halt kommen, sobald es ginge.

Ein neuer Anfang

Danach ging ich heim zur Mutter, und ich überlegte, was ich in Zukunft machen sollte. Mein Bruder Pius war bei der Mutter in Unterreinswald einquartiert und hatte dort im Keller seine Werkstatt, in der auch ich im Winter 1941/42 gearbeitet hatte. Wir hatten Knöpfe und Feuerzeuge gemacht, und ich hatte bei ihm gravieren gelernt. Mein Bruder hätte mich wieder als Gehilfe angestellt. Die Metallarbeit gefiel mir nicht schlecht, aber mir kam vor, daß es doch nicht mein Beruf sei.

Am nächsten Tag ging ich mit meiner Mutter nach Sarnthein, um mich auf dem Gemeindeamt zu melden und um meine Lebensmittelkarte zu holen. Ich überreichte dem Sekretär meinen provisorischen Entlassungsschein. Er schaute und las eine Weile, wandte sich dann an mich und sagte, ich müsse noch ins Entlassungslager nach Bozen gehen, um von dort entlassen zu werden, da er mich sonst nicht einschreiben und mir keine Lebensmittelkarte geben könne.

Ich sackte innerlich zusammen. Ich sollte noch einmal in ein Gefangenenlager gehen, obwohl ich erst vor ein paar Tagen aus einem solchen Lager entlassen worden war?

Nein, nie und nimmer würde ich ein Lager betreten, und schon gar nicht freiwillig, möge kommen, was wolle. Ich kam mir überflüssig vor und dachte, ich hätte nicht heimkommen sollen. Mich packte die Wut, und ich sagte halb weinend: „Ich habe genug von Lagern!“ Zuerst sei ich im Konzentrationslager durch Hunger, Krankheit und schwere Arbeit fast zu Tode geschunden worden und hätte nachher in amerikani-

scher Gefangenschaft alle möglichen Strapazen durchgemacht, und jetzt solle ich noch einmal in ein Lager gehen! Das alles konnte den Beamten nicht dazu bewegen, mir eine Karte zu geben. Ich wollte gehen und sagte, daß ich schon nicht verhungern würde. Da begann die Mutter, ihn zu betteln, und er gab mir die Lebensmittelkarte.
Wir gingen zum Tutzer ins Lebensmittelgeschäft, um einige Kleinigkeiten einzukaufen. Das karge Einkommen meiner Mutter und die fünfhundert Lire, die mir meine Schwester geschenkt hatte, reichten nicht weit. Auf dem Heimweg traf ich einen Verwandten, den Josef Thaler, genannt „Ebner Sepp", der mit meinem ehemaligen Schulkollegen Jakob Ainhäuser, genannt „Kofler Joggele", auf der Alm in der Seeb Hirte war. Die beiden hatten schon am Sonntag erfahren, daß ich heimgekommen war. Der Joggl ließ mir ausrichten, ich möge zu ihnen auf die Alm kommen, um mich zu erholen, und ich nahm die Einladung gerne an.
Schon am nächsten Tag machte ich mich auf den Weg. Wir hatten einander sehr viel zu erzählen. Sepp war 1942 eingerückt, hatte an der russischen Front gekämpft und war öfter verwundet worden. Nach seinem Urlaub im Frühjahr 1944 war er nicht mehr eingerückt, sondern in die Berge geflüchtet. Im Winter hatte er sich im Heustock eines Futterhauses aufgehalten und das Kriegsende in den Bergen abgewartet. Joggl war auch flüchtig gewesen. Wir hatten alle drei viel Leid erlitten, das wir dem gesamten Nazisystem und nicht zuletzt den Einheimischen zu verdanken hatten.
Ich ließ es mir bis zum Samstag auf der Alm gut gehen.
Am Sonntag war Reinswalder Kirchtag. Ich traf viele

Freunde und Bekannte aus nah und fern und auch solche, die eine Begegnung mit mir nicht wünschten. Ich grüßte alle ohne Unterschied, aber mir fiel sofort auf, daß die ehemaligen begeisterten Hitleranhänger ein Gespräch mit mir mieden. Ich war damals in dieser Sache sehr empfindlich, fühlte eine innerliche Abneigung gegen diese Leute, ließ mir aber nichts anmerken. Der Kirchtag verging wie üblich mit Freude und Lustigkeit.

Am Montag ging ich zum Angerer nach Durnholz, um meine Schulden vom Vorjahr abzudienen. Man sagte bei den Bauern, daß die Sarner Kirchtagswoche die strengste des ganzen Jahres sei. Für mich war die Arbeit schwer, alle Glieder schmerzten, die Hände hatte ich voller Blasen. Besonders schwer war die Arbeit auf den steilen Äckern. Ich war froh, als die Woche vorbei war und dachte im geheimen stets an eine leichtere Arbeit. Am Montag ging ich auf den Kirchtagsmarkt; dort traf ich meinen Bruder Pius. Er bot mir wieder Arbeit an, und ich willigte sofort ein, denn dieser Arbeit war ich in meinem Zustand leichter gewachsen als der Bauernarbeit. Nach einer Woche holte ich beim Angerer den Kasten mit den Kleidern. Die Bauersleute waren anfangs ein wenig verärgert, weil ich nicht bei ihnen blieb. Ein Knecht meinte sogar, ich wollte nicht mehr arbeiten. Damals galt bei vielen Leuten nur die Bauernarbeit.

Ich fühlte mich bei meinem Bruder in der Werkstatt recht wohl.

Ungefähr drei Wochen später erhielt ich von der Gemeinde einen Brief. Ich sollte ein Paket abholen, das jedem Häftling eines Konzentrationslagers vom Staat zugeschickt worden war. Ich ging gleich am nächsten Tag hin, und der Sekretär war anscheinend überrascht, mich schon so früh zu sehen. Er überlegte eine Weile und führte mich dann ins nächste Zimmer, und was sah ich da? Das Paket war aufgerissen, und die Kleider lagen auf dem Boden ausgebreitet da. Er sagte, ich solle die Sachen zusammenpacken, und ich steckte alles in meinen Rucksack. Es waren eine Unterhose, ein Leibchen, ein Hemd, eine Hose und eine Jacke. Ich freute mich über die Kleider, weil ich sie nötig brauchte. Ich hatte ja wirklich nur das Allernotwendigste. Einige meiner Kleidungsstücke waren in Dachau zurückgeblieben, andere waren mir zu klein geworden. Schuhe hatte ich nur zwei verschieden große aus der Gefangenschaft. Aus einer Decke, die mir meine Schwester geschenkt hatte, schneiderte mir meine Mutter eine Feiertagshose, und der Bruder Flor schenkte mir eine Jacke. So arm dran war ich damals.

Als ich zu Hause mein Kleiderpaket auspackte, sah ich, daß der Gemeindesekretär meine neue Jacke mit seiner alten, zerflickten ausgetauscht hatte. Diese paßte auch nicht mehr zur Hose und hatte zu kurze Ärmel, eben wie sie der kleine Beamte brauchte. Ich wurde wütend auf diesen Mann. Er war wohl von jener Menschensorte, die mich ins Konzentrationslager geschickt hatte und der überhaupt nichts zu schlecht war. Ich verlor mein ganzes Vertrauen in die Obrigkeit, wurde mißtrauisch gegen alle. Hätte ich vielleicht besser nicht mehr heimkommen sollen? Angst hatte ich sowieso vor allem, was irgendwie mit einer Amtsstelle, und besonders mit Polizei und Militär zu tun hatte. Ich brauchte Jahre, um diese Angst zu überwinden.

Ich mußte zuerst versuchen, mich selbst zu behaupten und niemandem zur Last zu fallen. Ich verdiente bei meinem Bruder so viel, daß ich mir langsam die notwendigen Kleider kaufen und zu Hause für das Essen mitzahlen konnte.

Im Jahre 1946 ging ich zu meinem Bruder Johann nach Sarnthein, um das Federkielsticken zu erlernen. Dort arbeitete ich etwa zwei Monate lang. Damals gab es noch keine gesetzlich geregelte Lehrzeit für diesen Beruf. Nachdem mir mein Bruder das Wichtigste beigebracht hatte, begann ich selbständig zu arbeiten und mußte verschiedene Sachen erst von selbst erlernen. Ich arbeitete mit Begeisterung und saß oft zwölf bis vierzehn Stunden bei meiner Arbeit. An Aufträgen fehlte es nicht, da dieser Beruf fast am Aussterben war.
Mein Bruder und ich hatten wohl viel Arbeit, aber vom Reichwerden war keine Rede. Die Leute hatten nach dem Krieg ja kein Geld, besonders nicht so ein armer Bauernknecht, der – wie es damals Brauch war – nur einmal im Jahr einen geringen Lohn bekam. So mußten wir oft lange auf die Bezahlung warten, die wir uns redlich verdient hatten.
Ich bekam immer mehr gute Freunde, die mir über alle Schwierigkeiten hinweghalfen, so daß ich mit ihnen nach harten Erlebnissen doch noch schöne Jugendjahre erleben durfte.
Kurz nach dem Krieg tat ich mich mit mehreren Heimkehrern zusammen, um über ein Kriegerdenkmal zu beraten. Als Heimgekehrter fühlte ich mich den Kriegsopfern gegenüber verpflichtet, etwas für sie zu tun, für sie ein Denkmal zu errichten. Denselben Gedanken hatten wohl auch andere, die von den Nazis verfolgt worden waren. Wir luden den Baumeister Josef Thaler, Häusler, ein, uns zu beraten und einen

Plan zu erstellen. Auch er war wegen seiner Sympathie für die „Anti-Hitler" von den Nazis verhaftet worden und hatte einige Zeit in Gefängnissen verbracht. Wir ließen eine Marmortafel mit den Namen der Gefallenen und Vermißten unseres Dorfes anfertigen, und ich war gerne bereit, bei den nachfolgenden Arbeiten mitzuhelfen. Es kam dann zur feierlichen Einweihung des Kriegerdenkmales, bei der sich alt und jung in der Pfarrgemeinde freute. So war es leichter, sich an die Kriegsopfer zu erinnern und für sie zu beten.

Es wird wohl kaum einmal sein, daß ich nicht vor oder nach dem Gottesdienst vor dem Kriegerdenkmal stehenbleibe, um für die Kriegsopfer zu beten.

Wir Heimkehrer sorgten auch für die Pflege des Denkmals und organisierten jedes Jahr eine Gedenkfeier, die der damalige Pfarrer Alois Vigl besonders feierlich zu gestalten verstand. Bei seinen besinnlichen und rührenden Ansprachen wurde so manches Auge naß, besonders bei den Heimgekehrten, die selbst oft knapp dem Tode entronnen waren, aber auch bei den Angehörigen der Kriegsopfer.

Einige Jahre später wurde die Feier bei uns ein wenig umgeändert. Aus den Kriegsopfern machte man jetzt Kriegshelden. Aber wer vollbrachte für Hitler Heldentaten? Nur diejenigen, die zuerst der verlogenen Propaganda zum Opfer gefallen waren, konnten Kriegshelden werden. Die anderen zwang man zum Kämpfen unter der Drohung, erschossen oder – was noch schlimmer war – in ein Konzentrationslager geschickt zu werden. Sie alle waren Kriegsopfer.

Man lud auch auswärtige „Helden" ein, und da hatten wir „Kriegsverräter" und „Kriegsverbrecher", wie man uns nannte, nichts mehr zu suchen. Nur die ganz

Tapferen, die bis zuletzt für den Führer treu gekämpft hatten, durften vor dem Kriegerdenkmal als „Helden" auftreten. Wir standen während der Feier irgendwo unter dem Volke und beteten für unsere Kameraden, denn das konnte uns niemand verwehren. Nach der kirchlichen Feier erzählten sie dann ihre Heldentaten, und wer gut zuhörte, konnte so manche Lobpreisung auf Hitler heraushören. Die Kriegsopfer schienen manchmal nur ein Anlaß zu sein; in Wirklichkeit feierten sie sich selbst.
Jetzt, vierzig Jahre nach dem Krieg, überläßt man es wieder uns allein, der Kriegsopfer zu gedenken, und wir tun es auch, wie am Anfang.

Zwanzig Jahre nach der Befreiung aus dem Konzentrationslager Dachau beschloß ich, die Gedenkstätte, in die es jetzt umgewandelt worden war, aufzusuchen und in Ruhe diesen Ort des Grauens und der Angst zu besichtigen. Ich fuhr mit dem Zug nach München und von dort weiter nach Dachau. Das Lager war aber schon geschlossen, da es nach fünf Uhr nachmittag war. Ich wollte mir ein Nachtquartier suchen. Da es in Strömen regnete, wollte ich nicht lange herumlaufen und ging in eine Bar in der Nähe des Lagers. Ich fragte die Kellnerin, ob irgendwo in der Nähe ein Gasthaus zum Übernachten sei. Sie verneinte es und sagte, ich müsse in die Stadt Dachau gehen.
Inzwischen waren einige junge Burschen, die in der Bar saßen, auf mich aufmerksam geworden und wollten mich hänseln. Sie meinten, ich könne ja bei der Kellnerin schlafen. Ich ärgerte mich und sagte zu ihnen: „So seid ihr Deutschen! Zuerst habt ihr mich im Konzentrationslager fast zu Tode geschunden, und jetzt sollte ich mich von euch hänseln lassen!" Da

stand einer der Burschen auf, entschuldigte sich und sagte, es sei nur ein Spaß gewesen, ich möge mich beruhigen, und wenn es mir recht sei, fahre er mich in die Stadt. Ich bat ihn darum, und er brachte mich in kurzer Zeit in einem Gasthaus in der Stadt unter. Ich wollte ihn bezahlen, aber er nahm nichts an. So bedankte ich mich und ging in mein Nachtquartier.

Obwohl mir nichts fehlte, schlief ich an diesem Abend lange nicht ein. Allerlei Gedanken gingen mir durch den Kopf, ich erinnerte mich an all das, was ich im Lager gesehen und erlebt hatte.

Am Morgen, nach dem Frühstück, besuchte ich in einem nahegelegenen Gotteshaus die heilige Messe. Nachher ging ich ins Gasthaus zurück und konnte mit dem Wirt sogleich ins Lager fahren.

Ich erfuhr, daß an diesem Tag die feierliche Einweihung der evangelischen Kirche stattfinde. Ich ging ins Lager; es kam mir alles fremd vor, schon der Eingang, denn dieser befand sich jetzt an der gegenüberliegenden Seite des früheren Haupttores. Die Baracken waren bis auf zwei alle niedergerissen. Es standen nur noch das Wirtschaftsgebäude, das Jourhaus, unter dem das Tor mit der Aufschrift „Arbeit macht frei" war, und rechts vom Eingang hinter dem Wirtschaftsgebäude der Bunkerbau. Ich schloß mich den anderen Besuchern an und wohnte der Einweihungsfeier bei, welche die Evangelischen und die Katholiken gemeinsam gestalteten. Es war viel geistliche und weltliche Prominenz dabei. Es wurde miteinander gebetet und gesungen, und bei den Ansprachen brachen viele in Tränen aus.

Zwei Jahre darauf fuhr ich am Tag der Befreiung, am 29. April, wieder nach Dachau. Diesmal kam ich zu Mittag im Lager an, und ich nahm mir vor, alles gründlich anzuschauen. Ich schaute nicht auf die Uhr und überzog die Besuchszeit um eine halbe Stunde. Da ich mich hinter den Bäumen und Sträuchern bei den Gedenktafeln mit Fotografieren beschäftigt hatte, hatte mich der Lagerdienst nicht gesehen. Während ich dastand und überlegte, sprach mich jemand an und fragte, was ich hier noch zu suchen hätte. Es war eine Frau, die mit ihrem Mann im Lager Aufräumdienste versah und auch hier wohnte. Ich erklärte ihr, wie es mir ergangen war, und meinte, sie könne mich wohl hinauslassen. Aber sie sagte, das ginge nicht, da sie keinen Schlüssel für das Tor habe, und der Mann, der den Schlüssel habe, sei zu dieser Zeit unmöglich zu finden. Ihr Mann meinte, man müsse der Polizei telefonieren, aber die Frau lud mich ein, in einem Nebenraum ihrer Wohnung auf einer Pritsche zu übernachten.

Ich konnte an diesem Abend eine Weile nicht einschlafen; mir gingen allerlei Gedanken durch den Kopf. Ich befand mich ja im Gebäude des Krematoriums. Ich erinnerte mich noch gut an den Rauch des Krematoriums, der je nach Windrichtung durch das Lager zog, und an den Gestank der verbrannten Knochen. Wir wußten auch immer, ob Neuankömmlinge, die noch Fett am Leib hatten, verbrannt wurden. Dann stieg nämlich ein schwarzgelber Rauch auf. Bei den anderen hingegen, die schon länger im Lager gewesen waren und nur noch Haut und Knochen hatten, stieg ein dünner blauer Rauch auf.

Nach dieser Nacht fuhr ich wieder zufrieden heim. Ich hatte meine Erinnerungen etwas aufgefrischt, erzählte sie aber selten, nur wenn ich danach gefragt wurde. Meistens wußten solche, die im Krieg gewesen waren, viel mehr zu erzählen als ich. Da zog ich mich immer zurück und behielt alles fast wie ein Geheimnis für mich.

Ich fuhr dann noch manches Mal nach Dachau, auch mit meinen Töchtern, und später, fünfunddreißig Jahre nach der Befreiung, nochmals mit der ganzen Familie.

Öfter wurde ich von verschiedenen Organisationen gebeten, sie auf Dachaufahrten zu begleiten. Es sei beeindruckend, wenn jemand dabei sei, der Dachau selbst erlebt habe und aus eigener Erfahrung erzählen könne.
So organisierte die Jugend von Reinswald 1985 – vierzig Jahre nach der Befreiung vom Nationalsozialismus – zwei Fahrten nach Dachau, zu deren einer ich den Historiker Leopold Steurer und meinen Leidenskollegen Erich Pichler einlud.
Auch aus anderen Teilen des Landes wurden Fahrten nach Dachau organisiert: Kaltern, Eppan, Neumarkt, Latzfons, Klausen, Brixen ... Und immer war es die Jugend, die dazu einlud. Für mich war es stets eine Freude, mitfahren zu können. Ich fühle mich sogar verpflichtet zu zeigen, wohin der Nationalsozialismus geführt hat, dem auch viele Südtiroler freiwillig oder gezwungen zum Opfer gefallen sind. Besonders freut mich, daß sich die Jugend für diesen Geschichtsabschnitt interessiert. Sie hat das Recht, die Wahrheit über diese Zeit, die man ihr schon über vierzig Jahre verschweigt, und – wie mir scheint – immer verschweigen möchte, zu erfahren.

Nachwort

Wenn dieses Buch ein kleiner Beitrag zur Aufklärung für jene sein kann, die von der damaligen Zeit wenig wissen, und es den fanatischen Hitleranhängern bewußt macht, daß noch nicht alles vergessen ist, so hat es seinen Zweck erfüllt. Es soll nicht eine Anklage an jene sein, die sich an manchem Dableiber – man könnte auch sagen: Andersdenkenden – schuldig gemacht haben. Ich meinerseits habe ihnen verziehen.

Ich weiß, daß einer, der über die Hitlerzeit so schreibt wie ich, zum Außenseiter gestempelt und gerne als Nörgler hingestellt wird. Aber ich weiß auch, wer ich bin, und ich traue mich, die Wahrheit über die damalige Zeit zu sagen. Ich habe niemandem etwas zuleide getan, nur war ich nicht einverstanden, für das Naziregime in fremden Ländern zu kämpfen, und als italienischer Staatsbürger fühlte ich mich auch nicht dazu verpflichtet.

Manche sagen heute, man solle nicht auf alte Greueltaten zurückzeigen. Ich aber sage: Alle sollen die ganze Wahrheit über die damalige Zeit erfahren und daraus lernen, damit sie sich nicht wiederhole. Manche möchten das Schlechte von damals mit heutigen Übeln zudecken, was ihnen aber kaum gelingen wird, außer vielleicht bei jenen Jugendlichen, die sich nicht selbst interessierten, weil man in den Schulen diesen Geschichtsabschnitt zum Teil immer noch verdrängt.

Wenn mich jemand nach meinen Erlebnissen in Dachau fragte, wurde ich in meinen Ausführungen oft von Andersdenkenden unterbrochen, welche dann meinten, man müsse endlich mit den alten Sachen

aufhören und einmal verzeihen und vergessen können. Denen konnte ich immer nur dasselbe sagen: „Ihr wißt nicht, was da alles zu vergessen und zu verzeihen ist.“ Niemand kann sich die körperliche und seelische Marter in den Konzentrationslagern vorstellen, der sie nicht selbst erlebt hat. Ich glaube, im Verzeihen waren wir, die von Nazis Verfolgten, großzügig. Außer ein paar Schimpfwörtern bekamen die Nazis nichts von uns zu hören. Wenn es viel war, mußte einer höchstens ein frisches „Bad“ in einem Brunnen nehmen, oder er wurde geohrfeigt.
Man hat den Nazis immer wieder Gelegenheit zur Versöhnung gegeben, aber ihr alter Nazistolz ließ nicht zu, daß sie einen ihrer alten Fehler zugaben. Es ist leicht, jemandem zu verzeihen, wenn er seine Fehler zugibt. Schwieriger wird es, wenn jemand alle Schuld abstreitet, auch wenn sie bewiesen werden kann.
Ich habe noch von niemandem – angefangen beim einfachsten Deutschwähler, der uns „Walsche“ verspottete, bis hinauf zu den großen Dorfnazis, die mich und andere ins Konzentrationslager oder ins Gefängnis oder ungerechterweise an die Front brachten – gehört, er hätte etwas nicht tun oder sagen sollen. Im Gegenteil, so mancher geheime Nazispitzel, der in der Öffentlichkeit doch allen bekannt war, beteuerte immer wieder, er sei nirgends dabei gewesen und habe niemanden verraten. Oder häufig kommt die schöne Ausrede: „Wir mußten es tun, sonst hätten wir gleich einrücken müssen.“ Also blieb man auf Kosten anderer daheim, die man ohne Skrupel gefangennehmen ließ.
Eines kann ich übrigens bis heute nicht verstehen: Warum man uns als „Walsche“ verspottete und ver-

folgte. Auf diese Frage wollte bis heute niemand antworten.
Aber man hat ja alles verziehen.
So nahm ich denn auch von jenen Bestellungen für Federkielstickarbeiten an, die ich verdächtigen konnte, mich ins Konzentrationslager gebracht zu haben. Es freute mich, jetzt von ihnen gebraucht zu werden, obwohl sie mich vorher lieber „ausradiert" hätten. Wenn der liebe Gott ihnen auch gnädig ist, was ich ihnen wünsche, dann ist ja alles gut.
Wenn es dann um Vergessen geht, wird es schwieriger. Ich habe verziehen, aber nicht vergessen. Und ich bemühe mich, es nicht zu vergessen. Im Museum von Dachau liest man die Worte: „Wer sich des Vergangenen nicht erinnert, ist dazu verurteilt, es noch einmal zu erleben."
Dieses Büchlein soll ein bißchen mithelfen, das zu verhindern.
Auch Reinhold Messner rief mit seiner etwas übertriebenen Aussage, neunzig Prozent der Südtiroler hätten bei der Option die Heimat verraten, die Erinnerung an das Vergangene wach. Und er hatte nicht ganz unrecht, denn ich muß sagen, ein großer Prozentsatz ist den echten Verrätern nachgelaufen und hat uns verspottet.
Das Buch von Friedl Volgger brachte auch etwas Leben in die Diskussion über die damalige Geschichte, und obwohl er, wie mir schien, mit seinen Gegnern sehr milde umgegangen ist, wurde er von vielen angegriffen.
Die Dachaufahrten wollen manche Leute ganz und gar nicht haben, obwohl sie immer als besinnliche Fahrten gemacht werden (Gedenkfahrt, Friedensfahrt, Bußfahrt ...).

Man will eben von den Fehlern der Deutschen nichts mehr hören. Schämen sie sich für das, was sie uns angetan haben? Warum nicht? Es ist keine Schande, sich für begangenes Unrecht zu schämen. Ein deutscher Gast, seit langem mein Freund, fragte mich einmal, warum ich so freundlich und nett zu den Deutschen sein könne, da ich doch durch diese so viel erlitten hätte. Ich kann zu allen nett sein, wenn ich nicht angestänkert werde.

Mit einiger Sorge erfüllt mich die Entwicklung der Politik in Südtirol.
Nach dem Krieg war das Volk mißtrauisch. Man meinte, die Volkspartei sei wieder so eine Partei wie vorher die Nazipartei, und wollte sich nicht noch einmal auf so einen Schwindel einlassen. Die Gründer der Volkspartei jedoch waren die Dableiber, die für das „Deutsche", diesesmal aber für das „Tirolerdeutsch", warben und sich wehrten. Da schlichen sich wieder solche ein, die immer noch das andere „Deutsch" im Kopfe hatten und wieder zum Zuge kommen wollten, was sicher ein Anlaß war, mißtrauisch zu sein. Besonders gespannt wurde die Lage in den sechziger Jahren. Ich werde die Sprengstoffanschläge jener Jahre nie gutheißen, auch wenn man heute von verschiedenen Seiten hört, daß es sie gebraucht habe. Ich ärgerte mich manchmal, wenn ich zu jener Zeit durch die Stadt Bozen ging und Italienern begegnete, die mich als gefährlichen Terroristen ansahen. Ich konnte es ihnen nicht verübeln, weil ich, wie halt immer, in der Sarner Tracht war. Viele Italiener aber glaubten, jeder, der eine Tracht trage, sei ein Schütze, und somit auch ein Terrorist. Ich klärte so manchen Italiener auf und sagte, daß diejenigen,

die sich nicht schämen, in ihrer Tracht nach Bozen zu gehen, die harmlosesten seien.
Ein anderes Ereignis, das nur böses Blut gemacht hat und viel Vertrauen zerstört hat, war die sogenannte „Dornenkrone“, die man im Jahr 1984 in Innsbruck herumtrug. Ein witziger Bauer sagte einmal treffend zu einem, der in Innsbruck begeistert dabeigewesen war: „Ihr habt in Innsbruck die Dornenkrone getragen, dafür müssen wir hier jetzt das Kreuz tragen.“
In den Deutschtumsfanatikern steckt immer noch eine gute Portion Hitlergeist drinnen, der von alten Nazis, die ihre Niederlage noch nicht verdaut haben, geschürt wird. Ich glaube und hoffe nicht, daß man heute so schnell wegen der Neonazis aus Deutschland Feuer fängt und ihnen nachläuft, obwohl es in ganz Südtirol doch solche gibt, auch unter den Politikern, die dem neu aufkeimenden Nationalsozialismus im Ausland gar nicht so abgeneigt sind.
Unserer Jugend möchte ich sagen: Bleibt Südtiroler, aber bleibt auch tolerant denjenigen gegenüber, die eine andere Sprache sprechen und mit denen wir leben. Laßt keine herein, die mit euch das machen, was sie mit uns gemacht haben.
Die Frage des Heldentums beschäftigt mich seit jener Zeit, in der ich von vielen Frontkämpfern als minderwertig oder als Verräter hingestellt worden war. So mancher Dableiber dachte sich nach der Besetzung Südtirols durch die Deutschen im Jahre 1943, es könne eh nicht mehr lange dauern, bis der Krieg aus sei, er würde mit Hilfe von ein paar guten Freunden schon durchkommen, und flüchtete. Ich glaube, da brauchte es schon mehr Mut, als mit der Masse mitzumarschieren. Man wollte, wenn es schon sein mußte, das Leben lieber in der Heimat lassen als in

einem fremden Land, wo eigentlich nicht um die Heimat gekämpft wurde.
Nicht weniger Mut brauchte es dazu, sich – um den Eltern ein Leid zu ersparen – der Behörde zu stellen, sich ins Ungewisse zu stürzen und darauf das Martyrium des Konzentrationslagers zu erleben. Jeder Frontsoldat, wäre er nur einmal zu uns ins Konzentrationslager gekommen, wäre sofort wieder an die Front hinausgegangen, denn dort war man noch irgendwie ein Mensch und konnte sich verteidigen. Im Konzentrationslager hingegen war man der Willkür der SS ausgeliefert. Der Schrecken, den das Konzentrationslager verbreitete, sei zehnmal so groß wie die Angst vor der Front, so daß – wie jemand es ausdrückte – die Erfahrung eines einzigen Häftlings ausreichte, um zehn Soldaten an der Front zu halten.
Helden sind für mich jene Menschen, die Menschenleben retten, auch auf die Gefahr hin, ihr eigenes Leben zu verlieren. Helden waren jene, die es wagten, gegen die verlogene Hitlerpropaganda aufzutreten und ihren Glauben zu verteidigen. Helden sind auch jene, die sich nach dem Krieg für ein deutsches Südtirol einsetzten und auch jene wieder eingliederten, die sich vorher selbst das Recht, Südtiroler zu sein, abgeschrieben hatten.
Ich kann nicht abschließen, ohne ein herzliches Vergelt's Gott an jene zu richten, die mir in der Zeit, von der ich erzählt habe, geholfen haben. Das sind die Menschen, bei denen ich im Frühjahr und im Sommer 1944 in den Nächten Nahrung und Aufnahme gefunden habe oder die mir Verpflegung zukommen ließen. Viele haben mir geholfen, indem sie mich vor Gefahren gewarnt und mich nicht verraten haben, obwohl dies ihre „strenge Pflicht" gewesen wäre. Sie wußten,

was ihnen hätte passieren können, wenn es aufgekommen wäre. Wahrscheinlich bedeutete ihnen christliche Menschlichkeit mehr als zweifelhafte Verordnungen. Danken möchte ich auch jenen, die meinen zwei in den letzten Kriegsmonaten geflüchteten Brüdern und allen anderen Widerstandskämpfern mit Lebensmitteln und Unterkunft geholfen und sie vor mancher Gefahr gerettet haben. Alle zusammen trugen dazu bei, Menschenleben zu retten und den Krieg schneller zu beenden. Zu größtem Dank fühle ich mich jenen gegenüber verpflichtet, die mir im Konzentrationslager und in der Gefangenschaft geholfen und mich manchmal vor dem sicheren Tode gerettet haben. Auch jenen möchte ich danken, die zum Glück nicht um unser ganzes Leid wußten, aber dauernd für uns beteten. Ich sage immer wieder: Ein starkes Gottvertrauen und das Gebet haben mir über viele Härten hinweggeholfen und dazu beigetragen, daß ich glücklich heimkehren konnte. Ich habe dem Herrgott und der Mutter Gottes noch nie zu danken vergessen.
Danken möchte ich zum Schluß jenen, die heute wieder den Mut aufbringen und keine Mühen scheuen, sich für den Frieden einzusetzen, besonders sind es die Frauen und Jugendlichen, aber auch Männer. Ich wünsche ihnen viel Durchsetzungskraft, damit immer mehr Leute einsehen, daß ein Leben in Frieden und Genügsamkeit, Nächstenliebe und Nächstenhilfe schön sein kann.

Reinswald, 1988

„STUMM UND ERGRIFFEN SASS ICH DA“

Auszüge aus Briefen an Franz Thaler
ausgewählt von Franz Pfattner

Bin auf Besuch bei meinem 45jährigen Sohn Albert in Florenz, wo ich Ihr trauriges, erschütterndes Buch „Unvergessen“ las, das ich ihm mitbrachte.
Hoffentlich lesen die entsetzlichen Tatsachen noch viele, besonders Jugendliche, als Warnung und Mahnung!
Ihre Überzeugung teile ich ganz, auch bezüglich der Nazi, die sich kaum zu ändern scheinen. Welch unmenschliche Tyrannei mußte sicher auch mein 34jähriger Mann erleiden (ital. Staatsbürger) von unseren sogenannten deutschen Brüdern.
Mein edler Mann handelte treu nach seinem Gewissen, als wahres Vorbild der kämpferischen Jugend und unvergessen!

Hildegard Wwe. Mayr-Nusser, Florenz

Besonders gut gefiel uns Ihr Vertrauen in die Jugend. Das ermutigte uns.

Die Schüler der Klasse 4. B der HOB „Heinrich Kuntner“, und die Fachlehrerin Rosmarie Spornberger, Bozen

Ich habe soeben Ihr Buch fertiggelesen und habe nur das Bedürfnis, Ihnen zu schreiben. Dieses Buch hat in mir einen tiefen Eindruck hinterlassen. Ich habe als Geschichtsstudentin zwar viel über den Nationalsozialismus und dessen Verbrechen gehört, doch dieses Grauen, diese schrecklichen Dinge blieben immer irgendwie unvorstellbar.
Man weiß nichts vom Alltag in diesen Lagern, nichts von der alltäglichen Angst und dem Hunger, den Grausamkei-

ten und der Unmenschlichkeit. Und dann erscheinen Ihre Erinnerungen.
Deshalb sind wir Ihnen zu Dank verpflichtet, denn nur wenn wir von den Fehlern unserer Vorgänger wissen, können wir aus diesen auch lernen.
Es ist gut, daß Sie sagen, diese Dinge sollen nicht vergessen werden. Denn ich glaube, gerade wir Südtiroler haben es bitter notwendig, in Sachen Toleranz gegen Andersdenkende noch dazuzulernen.
Ihr Buch war mir auch sonst eine Lehre. Es ist nämlich beschämend für einen Menschen aus der sog. Wohlstandsgesellschaft wie mich (obwohl ich aus einer Sarner Familie stamme und in meiner Kindheit auch auf vieles verzichten mußte, lebe ich heute doch in guten Verhältnissen), zu lesen, welchen Wert ein Stück Brot für Menschen haben kann. Auch das gehört zu den unvorstellbaren Dingen, und es ist gut, daran erinnert zu werden, daß es nicht immer so war.
Ich danke Ihnen für dieses Buch und grüße Sie unbekannterweise, aber mit großem Respekt vor Ihrer Person.

Klara Rieder, Terenten

Von Ihrem Buch „Unvergessen“ war ich so eingenommen, daß ich es erst wieder weglegte, als ich es ausgelesen hatte. Stumm und ergriffen saß ich da und dachte über all Ihr Erlebtes und Erlittenes nach. Für mich war es nicht nur ein großer Beitrag zur Aufklärung über diese Zeit, sondern viel mehr.
In diesem Buch bewundere ich Sie als Mensch, daß Sie trotz allem immer wieder Mut und Hoffnung aufbrachten und, wohl auch der Glaubensstärke wegen, so Unglaubliches durchhalten konnten.
Staunenswert auch, daß nicht Haß und Vergeltung, sondern die Versöhnung und Frieden an erster Stelle stehen.

Frieda Mutschlechner, Marling

Ich habe öfters schon von Menschen mit ähnlichen Erfahrungen und Entbehrungen gehört und gelesen; dieses Buch aber hat mich überwältigt.
Ich möchte Dir, lieber Franz, herzliches Vergelt's Gott sagen für jeden Satz und jedes Wort, besonders für Deine einfache, aber um so klarere und eindrucksvollere Art und Weise des Berichtens. Aber mein besonderer Dank an Dich gehört Deinem offenen, unerschrockenen christlichen Bekenntnis.
Ich bin überzeugt, daß Dein Buch für viele Menschen, besonders für viele junge Menschen, sehr wertvoll ist. Hier schreibt ein Sarner, ein Mensch, ein überzeugter Christ. Möge Dein Buch oft und gerne gelesen werden, damit das Ziel, das Du damit verfolgst, nämlich sich für den Frieden einzusetzen, auch und ganz besonders hier in unserer lieben Heimat, erreicht werden kann. Tausendfach Vergelt's Gott!

Hans Pamer, Johanneum, Dorf Tirol

Ich hatte großes Mitgefühl mit Deinem Schicksal. Du warst jung, wohl auch gesund, sonst hättest es kaum „derpackt". Was mich sehr beeindruckt hat, war Deine Glaubenshaltung. Die Kraft aus dem Gebete gab Dir Kraft zum Durchhalten. Ich freue mich. Ob nicht der eine oder andere der Leser doch aufgerufen wird, in schweren Stunden des Lebens sich betend an Gott zu wenden? Das wäre eine schöne Frucht des Buches.
Natürlich mußt Du sicher mit Kritiken rechnen, besonders von jenen, die die Vergangenheit ausgelöscht wissen möchten und einen „Schwamm darüber". Und es ist gut, daß am Gewissen gerüttelt wird. Mich hat Deine Haltung zu jenen Menschen, denen Du Dein Schicksal „verdankst" gefreut. Ohne Haß. Daß man so etwas nicht vergessen kann, ist wohl verständlich. Du schreibst ja, daß Du zu allen nett sein kannst, wenn Du „nicht angestänkert wirst". Ich

habe von Dir sogar den Eindruck, daß Du auch dann „nett sein“ kannst, wenn Du ein bißchen angestänkert wirst.

Heinrich Demanega

Du hast die Zeiten im Erleben äußerlich und innerlich geschildert, so daß wir sehr ergriffen waren und uns sehr glücklich schätzen, Dich persönlich zum Freund zu haben. Der „Weg in die Heimat“ und das „Nachwort“ zeigen Deine innere Größe, hoffentlich lesen viele Bekannte Dein Buch, wir werden dazu Anlaß geben.

Siegfried und Gisela Knoll, München

Die Zeit zwischen 1914 und 1945 war schwierig, und damals war es sehr schwierig, richtig zu handeln. Deshalb sollten wir, d. h. meine und die kommenden Generationen, uns nicht das Recht anmaßen, die Menschen von damals zu verurteilen; wer weiß, ob wir an ihrer Stelle besser gehandelt hätten. Das heißt nicht, daß wir uns nicht bemühen sollten, daraus zu lernen. Wenn die Südtiroler und die meisten Deutschen heute mehr als je zuvor in der Geschichte Freiheit, Frieden und Demokratie genießen und schätzen, so haben wir das gewiß auch der Tatsache zuzuschreiben, daß sie Unheil und Opfer nicht ganz vergessen haben.

Paul Marsoner, Bozen

Wer nur in Hitler und Mussolini Schuldige sieht und abstreitet, daß es unter den Südtirolern viele Mitschuldige gegeben hat, dem muß man in aller Schärfe die wahren Begebenheiten in Erinnerung rufen.

Josef Ties, Bozen

Es kam mir so vieles wieder in Erinnerung, es ging alles hart auf hart. Wir waren ja noch Kinder und mußten in diesem System groß werden.
Was mich an allem so fasziniert, war, daß da ein Mensch ohne höhere Schulbildung, nicht einmal eine brauchbare Schule, diese Fähigkeit hat, so wunderschön zu schreiben.

Rosa Happ

Gerade im Gespräch über Ihr Buch habe ich auch von meiner Mutter viel über diese Zeit erfahren, auch wie in meiner eigenen Verwandtschaft viel Unrecht passierte. Ohne diesen Anstoß durch Ihr Buch hätte ich vieles von der Geschichte meiner Vorfahren nicht erfahren.
Das Vergessen hilft nur dem Verdrängen, und was verdrängt wird, tritt an anderer Stelle hervor und wirkt unheilvoll weiter.
Sie haben über die Vergangenheit berichtet und damit Zukunft gebaut.

Richard Santifaller, Brixen

Möge dieses „Geschichtsbuch“ viele, vor allem jugendliche Leser finden, damit solches Leid nie mehr die Menschen treffe. Aber auch damit die Jugend erkenne, daß ohne Opfersinn und ohne Heimatliebe unser Leben verkümmert. Vor allem möge es jenen Mut machen, die immer wieder die Zivilcourage haben, „nein“ zu sagen!

Erika und Rudi Gamper

Ihr Buch sollte für jeden Südtiroler eine Pflichtlektüre sein. Als damaliger Optant habe ich in den vergangenen 50 Jahren sehr viel dazu gelernt, aber so was Eindringliches ist

mir nicht untergekommen. Der Schritt von Intoleranz zum Terror ist verhältnismäßig klein und schnell getan, besonders wenn sich das Verantwortungsgefühl in blinden Gehorsam verwandelt.
Hoffentlich haben wir in Zukunft noch genug Beter, daß uns um ihretwillen Gott von neuen Egoismen und Irrungen verschont.

Karl Zuegg, Lana

È stata una lettura impegnativa ma molto struttiva e educativa.
La serenità e l'umanità manifestate, nonostante le tanti esperienze vissute, sono semplicemente meravigliose.
Sono orgoglioso che la sua „Heimat" – la sua „terra" siano lo stesso Paese (si, sono nato e ho vissuto a lungo a Bolzano, dove riposano per sempre i miei genitori).

Es war eine anstrengende, aber sehr lehrreiche Lektüre. Trotz der vielen Erlebnisse haben Sie eine erstaunenswerte Heiterkeit und Menschlichkeit beibehalten. Ich bin stolz darauf, daß Ihre Heimat auch die meine ist. (Ich bin in Bozen geboren und habe lange Zeit dort gelebt. Auch meine Eltern haben in Bozen ihre letzte Ruhestätte gefunden.)

Celso Pasini, Trento

Das Schweigen derer, die diese Zeit miterlebt haben, auch in unserem Dorf, trägt nicht eben dazu bei, solche Vorkommnisse für die Zukunft unwiederholbar zu machen.
Ihr Buch hat in meinem Freundeskreis schon für viele Diskussionen gesorgt und wird es auch in Zukunft tun.
Vor allem aber, und das ist für uns sehr wichtig, haben Sie

die Theorie und Ausrede vieler widerlegt, daß man sich Zivilcourage in der heutigen Zeit nicht leisten kann.

Ulrich Gunsch, Matsch/Vinschgau

In Wien hast Du sehr beeindruckt mit Deinen Erinnerungen an die wohl schlimmsten Jahre der Südtiroler Geschichte. Deine Art „frisch von der Leber" zu erzählen, ließ das Erzählte noch glaubwürdiger und authentischer erscheinen. Manche Kollegin und mancher Kollege sagten mir, als wir Tage später noch immer über Deine Erinnerungen sprachen, es wäre gut für Südtirol, wenn mehr – oder besser – möglichst viele Zeitzeugen so offen und ehrlich aus jenen finsteren Zeiten erzählten. Du hast es gewagt und hast uns alle für Dich gewonnen. Dafür danke ich Dir persönlich und im Namen der Südtiroler Hochschülerschaft Wien.

Südtiroler Hochschülerschaft, Wien

Es gibt viele Menschen, die die Schrecken des Faschismus, die Options- und Kriegszeit erlebt haben und auch noch andere, die im KZ waren. Doch leider sind die meisten stumm, reden nicht über das Erlebte, verschließen Qual und Haß in ihrem Inneren, bleiben in der Vergangenheit haften und verschließen sich der Gegenwart. Oft erfahren nicht einmal die engsten Verwandten von dem Schicksal ihrer Väter.
Ihre Erzählung hat zudem auch Gefühle, Reaktionen, Betroffenheit erzeugt, die durch die alleinige Auseinandersetzung mit dem Lehrbuch nie entstanden wären.

Ingrid Mattedi, Sarnthein

Mir ist die Idee gekommen, Ihnen diesen Brief zu schreiben, als wir in der Schule einige Teile Ihres Buches vorlasen und über Sie und über die Option sprachen.
Sie sind ein sehr starker und mutiger Mann, und ich beneide Sie für Ihre Kraft, Ihren Mut und Ihre Lebensfreude.

Dagmar Senoner, St. Ulrich

Heuer haben wir als Klassenlektüre Ihr Buch „Unvergessen“ gewählt. Es hat uns sehr angesprochen, und wir haben viel darüber diskutiert. Besonders hat uns das beeindruckt, wie Sie sich gegen Faschismus und Nationalsozialismus gestellt haben, das war sehr mutig.

Klasse 3B, Mittelschule Kaltern

Gerade in Ihrem schönen Land, in dem im August 1984 zum 175sten Jahrestag des Hofer-Aufstandes in den Schützenvereinen Kriegsteilnehmer mitparadierten, die ihre Orden, die sie sich in Hitlers Vernichtungsfeldzügen „verdient“ hatten, schamlos zur Schau stellten, ist die Verbreitung Ihres Werkes sehr sehr wichtig. Meine Anerkennung!
Sie werden sehen, daß wir, so verschieden unsere Lage war und wie unterschiedlich wir auch sein mögen, uns in einer Hinsicht gleichen: IM ABSCHEU VOR MILITÄRISCHER GEWALT.
Nicht jeder hat sich an Folterungen und Morden beteiligt, wenn es in diesem Krieg noch Helden gab, so waren es die, die den Wahnsinn entmenschter Vorgesetzter durchschaut und sich nicht an Verbrechen beteiligt haben. Es waren die, die sich noch eine gesunde Abscheu vor den Untaten ihrer „Kameraden“ bewahrt und Widerstand im Rahmen ihrer geringen Möglichkeiten geleistet haben. Sie haben Befehle falsch verstanden, diese widersinnig ausgeführt oder ein-

fach vergessen. Wenn es nicht anders ging, haben sie sich „krank“ gemeldet.

Herward Beschorner, Berlin

Gerade habe ich Ihr Buch gelesen und ich muß Ihnen einfach ein paar Zeilen schreiben, denn was Sie da geschrieben, selber erlebt haben, das ist mir ganz nahe gegangen, einige Male mußte ich weinen.
Was Sie alles erleiden mußten, das ist unvorstellbar, und Ihr Glaube, Ihr Beten und Ihr Hoffen, das wird mir Vorbild sein.

Antonia Rainer, Trens

Ich wünsche Ihnen für die Zukunft Mut, Sie werden denken, Gesundheit ist das wichtigste, ich aber wünsche Ihnen Mut, daß Sie das wieder ertragen können, was Ihnen weh tat und noch immer tut.
Meinem 17jährigen Sohn überlasse ich jetzt das Buch, damit er aus Vergangenem lernen kann und daß sich solche Grausamkeiten nie mehr wiederholen dürfen.

Josefine Gorf, Götzens

Franz Thaler beeindruckte vor allem durch sein Verzeihen-Können, er hege keinen Haß gegen seine Peiniger, sondern habe ihnen schon verziehen, beteuerte er.
Er sah große Hoffnungen in der Jugend von heute, die für ihn viel kritischer und besser informiert ist als die Jugend seiner Zeit. Durch eine kritische Hinterfragung und Aufarbeitung der Geschichte könnte ein besseres Zusammenleben mit dem Nächsten möglich sein.

Jugenddienst Brixen

Wir möchten Ihnen und allen anderen Menschen, die sich dafür einsetzen, daß dunkle Kapitel der Geschichte nicht mehr totgeschwiegen werden, danken. Nur so wird es uns einmal möglich sein, aus der Geschichte zu lernen und die gleichen Fehler nicht noch einmal zu machen. Danke.

Ulrike Gamper, Klasse 5B der Oberschule für Landwirtschaft, Auer

Ich glaube, daß es für Dich ein Opfer sein muß, immer wieder diesen schrecklichen Flecken Erde zu sehen. Der Dienst an die Jugend, ich meine damit die Begleitung, aber auch das Gespräch mit den Jugendlichen, ist aber unbezahlbar.

Sigrid Ramoser, Lengmoos/Ritten

Und Leute gäbe es heute genauso, die genauso wären wie damals, daran denke ich oft.

Alois Haller, St. Pankraz

Wir sind eine katholische Jugendgruppe, und wir versuchen dauernd im Rahmen unserer Möglichkeiten, uns dem Herrn zu nähern, doch nie zuvor spürten wir Gottes Wärme näher als bei unserer Begegnung. Ihr beispielhaftes Dasein ist ein einfaches und klares Vorbild für das friedliche Zusammenleben in Südtirol. Einige der Anwesenden hatten einige Vorurteile gegen Südtiroler deutscher Muttersprache, doch niemand fand Ihr heimatbewußtes Auftreten in Ihrer stolzen Sarner Tracht als störend, im Gegenteil. Die Thematik, die wir besprachen, ragte weit über blöde Vorurteile hinaus, und Sie stellten sich uns gegenüber völlig „unbewaffnet", Ihre einzige

Waffe war Ihr friedliches Bewußtsein dem Leben gegenüber.

Andrea Cicalò, Bozen

Bei aller Tragik erheitert auch die Vorstellung, daß ein einfaches Bauernbübl, im Sarntal, sich gegen das 1000jährige Reich aufgelehnt hat. Im neu gewonnenen Leben dann hat derselbe Sarner uns gezeigt, was Patriotismus wirklich ist. Die Liebe zu seiner Familie und zu den Menschen im allgemeinen.

Christl

Das bedeutet nur eines, lieber Franz: Du hast gewonnen, Deine moralische Einstellung, Deine Aufopferungsbereitschaft, Deine Unschuld. Die Friedensbewegung gewinnt. Du bist der Beweis dafür.

Avv. Sandro Canestrini, Rovereto

Ich möchte meine Geschichte in keiner Weise mit der Ihren vergleichen, aber punktuell verstehe ich einiges sehr gut. Nach dem Umbruch der DDR waren die ehemaligen Machthaber zuerst recht klein und zurückhaltend. Mit der Zeit wurden sie aber immer dreister und sahen, daß keine wirkliche Aufarbeitung passiert. Auch heute noch stehen Leute, die von der Staatssicherheit mit Radioaktivität verseucht wurden und nun sterben, als unglaubwürdige Kriminelle da, und die Schufte von damals sind inzwischen in guten Jobs, im Arbeitsamt, im Ministerium, in der Schule etc.
Diese Menschen dienten dem Sozialismus treu und dienen eben mit derselben Mentalität der kapitalistischen Gesellschaft.

Ich denke, es gehört viel Mut und Weitsicht dazu, Leute nicht in Bausch und Bogen zu verdammen. Ich finde es schön, daß Sie differenzieren können, daß nicht alle Deutschen mies sind, und sogar einen deutschen Freund haben.

Katrin Dölering

Ich glaube, wir brauchen heute nachfühlbare Menschenbilder, die in Schreckenszeiten – aber nicht nur – überzeugend ihr Leben bewältigt haben.
Wenn man nach dem Sinn Ihres Leidens im KZ fragt, so findet man hier eine mögliche Erklärung, daß man als Mensch ein persönlich auferlegtes Kreuz zu tragen hat und demjenigen, der es einem aufgebürdet hat, zu verzeihen hat.

Martin Besl, München

Mi trovo in piena consonanza col Suo modo di affrontare la realtà e la storia difficile e drammatica del passato e sono felice che esista una persona come Lei, fedele alle proprie idee e alla propria coscienza e al tempo stesso aperto al dialogo e alla comprensione tra diversi.
Grazie per questa Suo semplice ma tanto più preziosa testimonianza.

Die Art und Weise, wie Sie der Realität und den dramatischen historischen Ereignissen ins Auge sehen, findet meine ganze Unterstützung. Ich bin glücklich, daß es einen Menschen wie Sie gibt, der seinen Ideen und seinem Gewissen treu bleibt und gleichzeitig aufgeschlossen ist für den Dialog mit Andersdenkenden. Herzlichen Dank für Ihre einfache, aber dafür um so wertvollere Zeugnisablegung.

Marco Boato, Trento

Wir alle, die wir Dich seit Jahren kennen, wissen sehr wohl, daß Du Dich bei Ehrungen und Auszeichnungen nie vorgedrängt hast – ja, daß Dir solche Dinge bei Deinem (allzu) bescheidenen Charakter, wenn schon, ein wenig peinlich sind. Und Du brauchst auch keine Angst zu haben, daß jetzt jemand hergehen könnte und sagen: So jetzt haben sie den Franz Thaler mit einer Ehrung auch eingekauft. Du hast ja auch ganz klar gesagt, daß Du die Auszeichnung nur annimmst, weil Dich die Katholische Jugend dafür vorgeschlagen hat und Dich darum gebeten hat.
Deshalb, lieber Franz, wir alle wissen, daß Du Dir damit Deine eigene Meinung nicht hast abkaufen lassen. Und Du kannst ruhig ein bißchen stolz auf Dich sein (allzu stolz wirst Du sowieso nicht werden): nicht nur wegen der offiziellen Anerkennung, sondern auf das, was Du seit dem Erscheinen Deines Buches in den letzten 10 Jahren an Mühen und Anstrengungen auf Dich genommen hast. Und Du kannst sicher sein, es hat sich gelohnt, weil Du hast damit in Südtirol viel verändert und vor allem vielen jungen Menschen Zivilcourage und demokratisches Bewußtsein vermittelt.

Poldi Steurer, Meran (anläßlich der Verleihung des Verdienstkreuzes des Landes Tirol an Franz Thaler im August 1997 auf Schloß Tirol)

Es hat mich sehr gefreut, daß ein „Dableiber“ und Deserteur auch mal von hoher Warte öffentlich auf Schloß Tirol geehrt wurde. „Ich habe mich zu dem, was ich gemacht habe, verpflichtet gefühlt.“ Eine großartige Aussage. Wir Dableiber waren die Landesverteidiger und somit die besseren Tiroler als die Optanten und Abwanderer.

Franz Klotzner, Schenna

Die Stadt Bozen bewundert Sie als Zeugen höchster moralischer und ziviler Werte und ehrt Sie als Verteidiger des Friedens und der Heimat gegen die nazionalsozialistisch-faschistische Diktatur.

Giovanni Salghetti-Drioli, Bürgermeister der Stadt Bozen

Ich habe auch erfahren, daß der Leo Hauser über Deine Geschichte einen Film gedreht hat, so daß Deine Erfahrung nicht nur bei Deinen Nachbarn und Freunden bekannt sei, sondern auch in weiteren Kreisen dargelegt wird.
Wir alle, die Gott weiß wie es geschafft haben, das KZ zu überleben, wissen genau, was wir im Kopf haben und wie unmöglich es uns fällt, darüber zu sprechen. Eben darum freut es mich, daß Du zu diesem Film Deinen Beitrag gegeben hast. Bravo!

Teo Ducci, Vizepräsident von A.N.E.D. Associazione Nazionale ex Deportati Politici nei Campi Nazisti

Ich bitte stellvertretend für alle Deutschen und insbesondere für meinen Vater um Vergebung ...
Er war Bäckermeister und Konditor, hatte ein Geschäft von einem Juden gepachtet, das in der Reichskristallnacht von den Nazis zerstört wurde ...
So wurde er zuerst zum Militär eingezogen, da waren wir bereits sechs Kinder, später kam er zur SS, ob freiwillig oder pflichtig, habe ich nie erfahren ...
Aus den Bemerkungen meines Vaters wußte ich, daß er schlimme Dinge getan hat oder tun mußte ...

Werner Saar, Forchheim

Ich wußte schon – jeder von uns weiß – was die Gefangenen in den Konzentrationslagern erlebt haben, aber nur als ich die Erfahrung eines Menschen hörte, der vor mir stand, verstand ich wirklich, was die Geschichtsbücher nicht ausdrücken können.

Camilla Dell'Eva, Bozen

Ich kann ermessen, mit welchen Gefühlen Du in Dachau warst, nach so vielen Jahren, da muß man erst die Kraft finden, an einen solchen Ort zurückzukehren, wo man soviel durchgemacht und gelitten hat.

Luise Gallarini, Innsbruck

Man kann oft gar nicht glauben, wieviel ein Mensch aushält, doch ich denke, daß Ihre Erlebnisse Sie zu so einem liebenswerten Menschen geformt haben, der Sie heute sind.

Sylvia Straucher, Unterhaching

Es hat mir besonders imponiert, daß Sie nicht verbittert sind, sondern sich Ihre warmherzige Lebensart und eine menschliche Denkweise erhalten haben.

Michael Metzner, Feldmeilen (CH)

Es war richtig, daß Sie Ihrer Gewissensentscheidung gefolgt sind, ohne Ihre Kameraden, von denen sicher viele nicht wiedergekehrt sind, „im Stich zu lassen".
Hätten alle oder zumindest viele so gehandelt, hätte sich hier die Geschichte bestimmt eher zum Positiven gewendet.

Bernhard Kehler, München

Gott ließ uns in dieser schweren Zeit (der 6jährige Sohn Martin starb nach 2jähriger Krankheit qualvoll an Krebs) spüren, daß ER mit uns ist, indem ER uns liebe Menschen schickte, die uns begleiteten.
Auch wir erhielten durch das Gebet die Kraft, durchzuhalten, wir haben dadurch noch tiefer zu Gott gefunden, und für diese Gnade sind wir zutiefst dankbar.
Nun versuchen auch wir, leidgeprüften Mitmenschen zu helfen und sie zu begleiten.

Christine Gander mit Familie, Hall i. T.

Um so wichtiger ist es deshalb, die Stimme der Erinnerung, Deine Stimme, zu erheben. Denn leider sind nicht nur die „Alten“ unbelehrbar.

Günther Pallaver, Universität Innsbruck

Aus der Geschichte zu lernen, scheint für viele ein allzu schwieriges Unterfangen zu sein. Gerade deshalb aber darf man nicht in der Hoffnung leben, daß es ohne mahnende Worte und Initiativen auch geht.
Ihnen gilt meine uneingeschränkte Solidarität und – sollte sie nötig sein – meine volle Unterstützung. Lassen Sie sich keinesfalls unterkriegen und denken Sie daran, daß man derlei Außenseitern nicht das Gefühl vermitteln darf, sie könnten sich durchsetzen.

Elmar Pichler-Rolle, Bozen, anläßlich einer Watschn, die Franz Thaler von einem politischen Gegner verabreicht worden war.

Bewundernswert ist Ihr Mut, diese für Sie sicherlich schmerzvollen Erinnerungen wieder aufleben zu lassen

und sie an Ihre Mitmenschen weiterzugeben, bei denen das Thema Vergangenheit nicht immer auf offene Ohren stößt. Oft hört man fadenscheinige Entschuldigungen wie: „Wir haben das alles nicht gewußt“; oder: „Wenn wir uns gesträubt hätten, wäre es uns genauso ergangen.“ Das mag zutreffen, denn als die Bevölkerung gewahr wurde, welches Regime sie sich eingehandelt hatte, war es zu spät zum Aufstand. Wieder andere meinen, daß nach so vielen Jahren doch endlich vergessen werden sollte.
Gerade deshalb sind Zeugnisse wie das Ihre außerordentlich wertvoll vor allem für die Jugend, um sie zu warnen und sie zu lehren, keimende Gefahren zu erkennen und ihnen entgegenzuwirken.
Das Wort Konzentrationslager ist schrecklich treffend: die Konzentration von unsäglichem Leiden, von Angst und Schrecken, körperlicher und seelischer Vernichtung, aber auch von Gleichgültigkeit und Arroganz, sowohl der diskret Handelnden als auch der stillschweigend Zulassenden, teils aus Angst und Unkenntnis, teils aus Genugtuung darüber, daß jemand an ihrer Statt unbeliebte Minderheiten und Andersdenkende aus dem Weg räumt.
Der einzige Ausweg ist die Anerkennung der Wahrheit und die Verpflichtung, niemals derartige Ungeheuerlichkeiten zuzulassen oder gar zu billigen.
An Beispielen aus der Vergangenheit fehlt es sicher nicht, und auch die Gegenwart sendet uns klare Signale, die leider darauf hindeuten, daß der Mensch bisher sehr wenig dazugelernt hat.
Wir alle müssen daher sehr dankbar sein für Mahnmale wie „Unvergessen“.

Martina Dozzi, Briona

Sehr beeindruckt hat mich, wie Sie allen vergeben haben,

welches Gottvertrauen Sie haben und wie Sie an die Kraft des Gebetes glauben.

Br. Gottfried, Brixen

Schülerarbeiten der Mittelschule Welsberg zum Thema: „Franz Thaler, ein bewundernswerter Mann". Mai 1992

Wenn man in sein Gesicht schaut, erkennt man, daß er viel Schreckliches durchgemacht hat ... Er hat sogar die Leute nicht angeklagt, die ihm so viel Leid angetan haben ...
Andreas Wierer

Er mußte zusehen, wie andere, ja seine Freunde, gefoltert und gepeinigt wurden. Franz Thaler mußte immer denken: „Der nächste kann ich sein." Er mußte immer bereit sein, sein Leben herzugeben.
Sonja Seiwald

Als er in unsere Klasse kam, wußten alle, daß dieser Mensch viel Schlimmes miterlebt hat. Man sah in seinen Augen unvergessene Geschehnisse ...
Emanuel Edler

Es ist notwendig, auch den Südtirolern vor Augen zu führen, daß die Diktatur Hitlers von vielen einzelnen kleinen Befehlsausführern gestützt wurde – auch in unserem Land.
Es ist vor allem aber notwendig, der Jugend die Mechanismen der Unterdrückung und der politischen Gewalt klar vor Augen zu führen, damit das Schlagwort „Nie wieder" wirklich zum Ausdruck einer begründeten Hoffnung wird.
Es ist die Geschichte eines einfachen Mannes, der durch seinen Leidensweg nicht rachsüchtig geworden ist, son-

dern weise und tiefgläubig. Ein Buch für junge Menschen und nicht nur für die.

Verena Niederegger

„Der Pressepreis 1998 wurde Franz Thaler für sein Buch ‚Unvergessen‘ zugesprochen. Darin schildert er in sehr unmittelbarer Art die schmerzlichen menschlichen Erfahrungen eines Dableibers. Gleichzeitig versucht er aus einer sehr humanen Sicht die Verhaltensweisen anderer zu begreifen und leistet damit einen konkreten Beitrag zum Dialog und zum friedlichen Zusammenleben in unserem Land.
Es ist das 11. Mal, daß dieser Preis vergeben wird. Ihn haben unter anderen Landeshauptmann Silvius Magnago, der Landesverband für Heimatpflege, das Haydnorchester, Bischof Gargitter, Klaus Dibiasi, die Diözesankommission für die Welt der Arbeit, der Historiker Claus Gatterer, die Vereinigung La strada – der Weg und die jüdische Kultusgemeinde Meran erhalten.
Diesmal geht der Preis an einen einfachen Mann aus dem Volke, an einen Bauern, der seiner Heimat eng verbunden ist. An einen jener Südtiroler, für die das Entweder-Oder der zwischen Hitler und Mussolini vereinbarten Option schlichtweg unannehmbar war.
Das Buch ist ein wichtiges Zeugnis über ein wesentliches Stück Zeitgeschichte, die auf der eigenen Haut erlebt wurde und der gegenüber Thaler eine durchaus christliche Bescheidenheit zeigt. Der Verzicht auf Polemik ist für ihn Verzicht auf Revanche, auf Rache, ein Akt der Vergebung, zu dem sich nicht jeder durchringen kann.
So taucht dann auch bei der Lektüre von ‚Unvergessen‘ für den kritischen Leser irgendwann die Frage auf, ob es mehr Mut brauchte, den Befehlen des Hitler-Regimes Folge zu leisten oder sich dagegen aufzulehnen.
In diesem Lichte ist auch das Opfer Josef Mayr-Nussers zu

sehen, der seinen Widerstand gegen die Diktatur Hitlers mit dem Leben bezahlen mußte. Mayr-Nusser ist eine Symbolfigur, hinter der wir aber andere Zeitzeugen von Friedl Volgger bis Franz Thaler nicht vergessen dürfen. Ihr Widerstand gegen die Ideologie des Nationalsozialismus ist auch als klares Nein gegen alle künstlichen Gegensätze zu verstehen und ist um so wertvoller, als es sich um ein Nein zum Faschismus des eigenen Volkes handelt, zu einem Faschismus, der sich in der eigenen Sprache ausdrückte.
Auch dies ist eine Botschaft des Buches von Franz Thaler: ‚Man muß zuerst vor der eigenen Tür kehren und das Übel im eigenen Haus bekämpfen.'"

Ansprache des Vorsitzenden der Südtiroler Pressevereinigung, Gianfranco Fata, zur Verleihung des Pressepreises

Zeittafel

Leopold Steurer

28. Juli 1914

Österreich-Ungarn nimmt die Ermordung des Thronfolgers Franz-Ferdinand in Sarajevo durch serbische Nationalisten zum Anlaß, Serbien den Krieg zu erklären. Beginn des Ersten Weltkrieges (Kriegserklärungen Deutschlands an Rußland und Frankreich am 1. 8. und 4. 8.).

Italien erklärt am

3. August 1914

seine Neutralität, da es entsprechend den Bestimmungen des Dreibundes von Berlin und Wien nicht konsultiert worden war und der Weltkrieg durch die Kriegserklärungen Deutschlands und Österreich-Ungarns ausgelöst wurde. In der Folge verhandelt Italien sowohl mit seinen Bündnispartnern als auch mit den Ententemächten (Frankreich, England, Rußland) um den Kaufpreis für seine weitere Neutralität bzw. seinen Kriegseintritt. Diese Verhandlungen führen am

26. April 1915

zum Abschluß des Geheimvertrages von London: Italien verpflichtet sich dabei zum Kriegseintritt auf der Seite der Entente innerhalb eines Monats und erhält dafür weitgehende territoriale Versprechungen (Trentino, Südtirol, Triest, Istrien, Dalmatien).

24. Mai 1915

Kriegserklärung Italiens an Österreich-Ungarn. Errichtung der Dolomitenfront vom Ortler bis zum Isonzo.

August 1917

Friedensbotschaft des Papstes Benedikt XV. an alle kriegführenden Mächte.

Oktober 1917

Italienische Niederlage bei Caporetto/Karfreit. Vorrükken der Truppen der Mittelmächte bis zum Piave.

November 1917

Aufruf Lenins an alle Regierungen zu einem Frieden „ohne Annexionen und Kontributionen".

Jänner 1918

Verkündigung der 14 Punkte durch den amerikanischen Präsidenten Wilson als Grundlage für einen gerechten Frieden.

3. November 1918

Kapitulation Österreich-Ungarns in Villa Giusti bei Padua. Ende des Krieges an der Italienfront.

10. September 1919

Unterzeichung des Friedensvertrages von St. Germain durch Österreich. Abtretung Südtirols, des Trentino, Triests und Istriens an Italien.

Oktober 1919

Gründung des „Deutschen Verbandes" (Zusammenschluß der Deutschfreiheitlichen Partei und der katholisch-konservativen Tiroler Volkspartei). Die deutschsprachige Südtiroler Sozialdemokratische Partei schließt sich als autonome Sektion der Sozialistischen Partei Italiens (PSI) an, die als einzige Partei im römischen Parlament gegen die Annexion Südtirols auftritt.

Frühjahr 1920

Autonomieverhandlungen zwischen Vertretern des Deutschen Verbandes, der Südtiroler Sozialdemokratie und der Regierung in Rom.

April 1921

Erster Faschisteneinfall in Südtirol. Ermordung des Lehrers Franz Innerhofer in Bozen (24. 4. 1921).

28. Oktober 1922

Machtergreifung des Faschismus. Erste Koalitionsregierung Mussolinis.

15. Juli 1923

Senator E. Tolomei verkündet in Bozen sein 32-Punkte-Programm zur Entnationalisierung der Südtiroler (Italianisierung der Schule, der Verwaltung, der Toponomastik, der Familiennamen etc.).

August 1923

Beschlagnahmung des Gewerkschaftshauses in Bozen und Unterdrückung der sozialdemokratischen Presse in Südtirol.

Oktober 1923

Inkrafttreten des neuen Volksschulgesetzes (Lex Gentile), das die stufenweise Italianisierung der Schulen der sprachlichen Minderheiten festlegt. Aufruf von Kanonikus Michael Gamper zur Gründung der „Katakombenschulen".

1925–1926

Endgültige Umwandlung Italiens vom parlamentarisch-liberalen Verfassungsstaat zum faschistisch-totalitären Ein-Parteien-Staat (Verbot der Parteien, der freien Presse, der Gewerkschaften, Abschaffung der lokalen Autonomien durch Absetzung der frei gewählten Bürgermeister und Einsetzung der Amtsbürgermeister etc.). Übertragung aller dieser Maßnahmen, zum Teil auch durch Sondergesetze, auf Südtirol. Die Südtiroler Kirche erreicht durch Verhandlungen beim Vatikan und der faschistischen Regierung das Weiterbestehen der katholischen deutschsprachigen Presse durch Zusicherung ihrer „politischen Neutralität".

1928

Senator Tolomei zieht seine „Fünfjahresbilanz" der faschistischen Südtirolpolitik. (Er äußert seine Zufriedenheit über die erfolgten Maßnahmen auf dem Gebiet der Schule, Kultur und Verwaltung, beklagt aber die unzureichenden Maßnahmen in bezug auf die Förderung der italienischen Einwanderung und der wirtschaftlichen Durchdringung).

Februar 1929

Aussöhnung zwischen faschistischem Staat und katholischer Kirche durch die Lateranverträge (Bestätigung des Weiterbestandes der deutschen Sprache in der Kirche, in den Pfarrschulen, in der katholischen Presse und in den bischöflichen Seminaren „Vinzentinum“/Brixen und „Johanneum“/Dorf Tirol).

Februar 1930

Österreichisch-italienischer Freundschaftsvertrag (Wien anerkennt, daß die Südtirolfrage ein rein „inneritalienisches Problem“ sei und unterdrückt in der Folge immer stärker jegliche Propaganda für Südtirol in der österreichischen Öffentlichkeit). Die österreichische Sozialdemokratie kritisiert scharf diesen „Verrat an Südtirol“ durch die Bundesregierung unter J. Schober und E. Dollfuß sowie durch die NSDAP.

30. Jänner 1933

Machtergreifung der Nationalsozialisten in Deutschland.

Juni 1933

Gründung des Völkischen Kampfringes Südtirol, VKS. (Programm: Aufbau einer illegalen nationalsozialistischen Bewegung auf der Basis des „Führerprinzips“ und der „Volksgemeinschaft“ und der Zielsetzung der „Heimführung“ Südtirols in das von Hitler angekündigte „Großdeutschland“).

September 1934

Faschistisches Gesetzesdekret zur Errichtung der Industriezone Bozen.

Jänner 1935

Angliederung des Saargebietes an das Dritte Reich durch Volksabstimmung. (Unterstützt durch die politische Arbeit des VKS und durch reichsdeutsche Propaganda erreicht die politische Ausrichtung auf das Dritte Reich in Südtirol erstmals breitere Bevölkerungskreise). Der Prozeß der geistig-kulturellen Umpolung von Wien auf Berlin, von der „Heimat“ auf das „Vaterland“ schreitet nunmehr kontinuierlich und massiv fort.

Jänner 1937

Faschistisches Gesetzesdekret, das dem „Ente di Rinascita Agraria“ weitgehende Möglichkeiten des Aufkaufs von Grund und Boden einräumt. Aus verschiedenen Gründen hält sich aber die Entnationalisierungsarbeit des Ente in Grenzen. (Bis 1939 wurden ca. dreihundertfünfzig Bauernhöfe aufgekauft und an italienische Pächter weitervermittelt).

Jänner 1937

Reichsmarschall H. Göring schlägt zur Bereinigung der deutsch-italienischen Beziehungen die Umsiedlung der Südtiroler vor.

12. März 1938

Einmarsch deutscher Truppen in Österreich („Anschluß"). Begeisterung und Jubel unter den Südtirolern, vor allem von seiten des VKS, aber auch kritische Stimmen aus dem Umkreis der katholischen Laienbewegung und von seiten des Klerus, die den Nationalsozialismus als preußisch-protestantische bzw. heidnische Weltanschauung ablehnen.

14. März 1938

Der italienische Botschaftsrat M. Magistrati schlägt in Berlin eine „radikal-ethnische Lösung" der Südtirolfrage vor.

7. Mai 1938

Staatsbesuch Hitlers in Rom (feierliche Garantie der Brennergrenze).

September 1938

Unter Berufung auf das Selbstbestimmungsrecht der Völker fordert Hitler ultimativ die Annexion der sudetendeutschen Gebiete und droht bei Nichterfüllung seiner Forderung mit Krieg. England und Frankreich geben unter dem Druck der Drohung Hitlers nach. Hitler in seiner Sportpalastrede in Berlin: „Ich wiederhole, daß, wenn das sudetendeutsche Problem gelöst ist, es für Deutschland kein territoriales Problem mehr gibt, ... daß ich dann am tschechischen Staat nicht mehr interessiert bin. ... Wir wollen keine Tschechen!"

15. März 1939

Hitler gibt der Wehrmacht den Befehl zum Einmarsch

in die Tschechoslowakei, die als „Reichsprotektorat Böhmen und Mähren“ annektiert wird.

23. Juni 1939

Unter dem Vorsitz Himmlers findet im Reichssicherheitshauptamt der SS die sog. „Berliner Konferenz“ statt, auf der die deutsch-italienische Expertenkommission mündlich die gemeinsame Bereitschaft zur Lösung der Südtirolfrage durch die Umsiedlung vereinbart.

29. Juni 1939

Der Umsiedlungsbeschluß wird in Südtirol durch den deutschen Generalkonsul Otto Bene offiziell bekanntgegeben. Auf einer gemeinsamen Sitzung von Vertretern des Deutschen Verbandes und des Völkischen Kampfringes wird die Ablehnung der Umsiedlung beschlossen. Eine Woche später geht der VKS von der Position des „geschlossenen Dableibens“ über zur Parole der „geschlossenen Auswanderung“. Die Fronten zwischen „Dableibern“ und „Gehern“ sind damit festgelegt, und es beginnt der „Wahlkampf“ für und gegen die Option.

Sommer 1939

Die deutsch-italienischen Experten verhandeln über die rechtlichen und wirtschaftlichen Bestimmungen der Umsiedlung. Dabei kristallisiert sich immer mehr heraus, daß die Faschisten eine „begrenzte Umsiedlung“ anstreben, die Nationalsozialisten hingegen eine „ethnische Radikallösung“.

1. September 1939

Beginn des Zweiten Weltkrieges durch den deutschen Überfall auf Polen.

September 1939

Eröffnung der „Amtlichen Deutschen Ein- und Rückwanderungsstellen“ in Südtirol.

6. Oktober 1939

Der „Reichsführer-SS“ Heinrich Himmler wird von Hitler zum „Reichskommissar für die Festigung deutschen Volkstums“ ernannt. (Aufgaben: Umsiedlung der Volksdeutschen und Neugestaltung des zu erobernden „Lebensraumes" im Osten unter rassischen, strategischen, wirtschaftlichen und politischen Gesichtspunkten).

21. Oktober 1939

Unterzeichung der „Richtlinien für die Rückwanderung für die Reichsdeutschen und Umsiedlung der Volksdeutschen aus dem Alto Adige". Als Endtermin für die Option wird der 31. Dezember 1939 und als Endtermin für den Abschluß der Umsiedlung der 31. Dezember 1942 festgelegt.

Oktober 1939

Himmler verspricht dem VKS ein „geschlossenes Siedlungsgebiet" und gibt das polnische Beskidenland als das zukünftige Siedlungsgebiet für die Südtiroler bekannt.

20. November 1939

Gründung des „Andreas-Hofer-Bundes" als politische Organisation der Dableiber. (Wichtigste Vertreter: Hans Egarter, Friedl Volgger, Josef Nock, Josef Mayr-Nusser).

1. Jänner 1940

Die deutschen und italienischen Stellen veröffentlichen unterschiedliche Optionsergebnisse; am wahrscheinlichsten dürfte ein Ergebnis von ca. 86 % an Optanten für die deutsche Staatsbürgerschaft sein.

30. Jänner 1940

Errichtung der „Arbeitsgemeinschaft der Optanten für Deutschland" (ADO) durch den Vertreter Himmlers in Bozen, SS-Sturmbannführer Wilhelm Luig. Geschäftsführender Leiter der ADO wird Peter Hofer, der bisherige „Landesführer" des VKS.

30. Juni 1940

Endtermin für die Option des Klerus: Während Bischof Johannes Geisler und Generalvikar Alois Pompanin für die deutsche Staatsbürgerschaft optieren, entscheiden sich in der Diözese Brixen 80 % des Klerus fürs „Dableiben". In den zehn deutschsprachigen Dekanaten der Diözese Trient entscheiden sich 90 % des Klerus fürs Dableiben.

Juli 1940

Nach dem militärischen Sieg NS-Deutschlands über Frankreich wird für kurze Zeit die Ansiedlung der Südtiroler Optanten in Burgund in Erwägung gezogen.

Jänner bis Dezember 1940

Bis Jahresende 1940 wanderten 57 000 Optanten aus Südtirol ab, das waren mehr als 2/3 der bis zur offiziellen Einstellung der Umsiedlung im Jahre 1943 insgesamt Umgesiedelten. Es handelte sich dabei zumeist um sozial niedrige Bevölkerungsschichten (Arbeiter, Angestellte, Taglöhner, Pächter, Freiberufler).

25. Juli 1943

Sturz Mussolinis und Errichtung der Regierung Badoglio.

8. September 1943

Waffenstillstand der Regierung Badoglio mit den Alliierten. Militärische Besetzung Italiens durch deutsche Truppen. Errichtung der „Operationszone Alpenvorland" (die drei Provinzen Bozen, Trient und Belluno) unter der Herrschaft des Tiroler Gauleiters Franz Hofer. Entwaffnung und Gefangennahme der italienischen Truppen. Die NS-Machtübernahme in Südtirol, die vom Großteil der Optanten begeistert begrüßt wird, bedeutet für die Dableiber des Jahres 1939 Verhaftungen, Deportation ins Konzentrationslager und andere Schikanen, die Einstellung des katholischen Pressewesens, die Beschlagnahmung des Athesia-Verlages und der beiden bischöflichen Seminare (Vinzentinum und Johanneum).

12. September 1943

Verhaftung und Deportation der Angehörigen der Israelitischen Kultusgemeinde in Meran. Von insgesamt fünfundzwanzig Personen überlebt lediglich eine Frau.

November 1943

Errichtung des Sondergerichts Bozen. Bis Kriegsende an drei Dutzend Todesurteile gegen italienische Partisanen und Südtiroler Kriegsdienstverweigerer.

November 1943/Jänner 1944

Gauleiter Hofer als Oberster Kommissar für die Operationszone Alpenvorland ordnet die Einberufung sämtlicher wehrdiensttauglicher Männer der Jahrgänge 1896–1926 an; im Falle der Dableiber erfolgt dies im Widerspruch zum gültigen internationalen Völkerrecht. Bei Nichtbefolgung drohen Gefängnis, Todesstrafe und Sippenhaft. Trotzdem entziehen sich bis Kriegsende insgesamt ca. dreihundert Südtiroler der Einberufung zum Kriegsdienst. Aufstellung der vier Polizeiregimenter Bozen, Schlanders, Alpenvorland und Brixen.

Sommer 1944

Errichtung des „Polizeilichen Durchgangslagers" („KZ-Bozen") in der Reschenstraße in Bozen. Das „KZ-Bozen" war ein Durchgangslager für den Transport von Juden, Partisanen, politischen Gefangenen etc. aus Italien in die Vernichtungslager des Dritten Reiches. Insgesamt ca. 11 000 Personen sind durch das „KZ-Bozen" hindurchgegangen. Auch im Lager selbst gab es bis Kriegsende einige Dutzend Tote durch Erschießen, Mißhandlungen von seiten des Aufsichtspersonals, durch Verhungern oder Krankheit. Im Lager befanden sich auch einige Südtiroler als Angehörige des Wachpersonals sowie einige Dutzende als Häftlinge (vor allem Opfer der Sippenhaft und Deserteure).

September 1943 bis Kriegsende

Unter der Leitung von Hans Egarter und Egon von Petersdorff entwickelt der „Andreas-Hofer-Bund" seine politischen und militärischen Aktionen gegen das nationalsozialistische Besatzungsregime (vor allem in den Polizeiregimentern Alpenvorland und Brixen) und unterhält Kontakte zu den alliierten Stellen in der Schweiz.

September 1943

Gründung des „Comitato di Liberazione Nazionale" in Bozen unter der Leitung von Manlio Longon (Partito d'Azione) und Francesco V. Gilardi (Partito Comunista d'Italia). Das Komitee wird im Herbst 1944 von der Gestapo verhaftet.

2. Mai 1945

Bekanntgabe des Waffenstillstandes an der Italienfront. Südtirol bleibt bis zum 1. Jänner 1946 unter anglo-amerikanischer Besetzung; die Verwaltung der Provinz liegt in den Händen des Präfekten Bruno de Angelis als dem Vertreter der im „Comitato di Liberazione Nazionale" zusammengeschlossenen fünf italienischen Parteien.

8. Mai 1945

Gründung der Südtiroler Volkspartei. (Programm: Vertretung der kulturellen, sprachlichen und wirtschaftlichen Rechte der Südtiroler; Aufrechterhaltung von Ruhe und Ordnung im Lande; Ausübung des Selbstbestimmungsrechtes).

5. September 1946

Nach den Verhandlungen auf der Friedenskonferenz in Paris kommt es zum Abschluß des Gruber-Degasperi-Abkommens.

Opferbilanz des Zweiten Weltkrieges: Insgesamt 8025 deutsch- und ladinischsprachige Südtiroler fielen als Soldaten an den verschiedenen Fronten, mehr als 30 starben als Angehörige des antinazistischen Widerstandes in den Gefängnissen und Konzentrationslagern des Dritten Reiches oder als Verurteilte durch das Sondergericht Bozen. Auf italienischer Seite gab es mehr als 2 Dutzend Opfer, die vom Sondergericht Bozen wegen Partisanentätigkeit zum Tode verurteilt wurden. Die größten Opfer forderten aber die in den letzten Kriegstagen erfolgten militärischen Auseinandersetzungen zwischen der italienischen Widerstandsbewegung und deutschen Truppen. 25 Partisanen und 20 Ziviltote in Bozen, 11 Ziviltote in Meran und 9 Arbeiter in Laas.

Inhaltsverzeichnis

Zeitgeschichte bei der Edition Rætia

E. Baumgartner, H. Mayr, G. Mumelter: Feuernacht. Südtirols Bombenjahre (3. Auflage)
376 Seiten. Lire 65.000.– ISBN 88-7283-010-9

—

H. Karl Peterlini: Bomben aus zweiter Hand (2. Auflage)
340 Seiten. Lire 38.000.– ISBN 88-7283-021-4

—

G. Solderer (Hrsg.): Silvius Magnago. Eine Biographie Südtirols
392 Seiten. Lire 79.000.– ISBN 88-7283-053-2

—

O. Brugger: Peter Brugger. Eine politische und persönliche Biographie
400 Seiten. Lire 59.000.– ISBN 88-7283-086-9

—

F. Widmann: Es stand nicht gut um Südtirol. 1945–1972
684 Seiten. Lire 78.000.– ISBN 88-7283-117-2

—

Claus Gatterer: Aufsätze und Reden
400 Seiten. Lire 37.000.– ISBN 88-7283-003-6

—

Claus Gatterer – Der Mensch, der Journalist, der Historiker
64 Seiten. Lire 17.500.– ISBN 88-7283-044-3

—

E. Heinz: Die versteinerten Helden. Kriegerdenkmäler in Südtirol
166 Seiten. Lire 24.500.– ISBN 88-7283-052-4

—

M.-Gaismair-Gesellschaft (Hrsg.): Ettore Tolomei (1865–1952). Die Grenzen des Nationalismus. Un nazionalista di confine
363 Seiten. Lire 30.000.–

—

G. Pallaver, L. Steurer: August Pichler 1898–1963. Ich teile das Los meiner Erde. Conviderò la sorte della mia terra
236 Seiten. Lire 30.000.– ISBN 88-7283-032-X

—

L. G. Steinhaus: Mein lieber Federico. Die Geschichte einer jüdischen Familie
72 Seiten. Lire 15.000.– ISBN 88-7283-003-6